FRANK GEHRY MARTa HERFORD

Herausgegeben von/Edited by **MARTa Freunde und Förderer e.V.**

FRANK GEHRY MARTa HERFORD

BIRKHÄUSER – Publishers for Architecture
Basel · Boston · Berlin

Redaktion/Editor: Uli Kahmann, Herford
Übersetzung/Translation: Joseph O'Donnell, Berlin; Gabriele Fuhrberg, Herford
Fotos/Photos: Klemens Ortmeyer, Braunschweig; Christian Richters, Münster (S. 12)
Layout/Design: Bianca Ehlebracht, Hamburg

A CIP catalogue record for this book is available from the Library of Congress, Washington D.C., USA.

Bibliographic information published by Die Deutsche Bibliothek
Die Deutsche Bibliothek lists this publication in the Deutsche Nationalbibliografie; detailed bibliographic data is available on the Internet at
<http://dnb.ddb.de>.

© 2005 Birkhäuser – Publishers for Architecture, P.O. Box 133, CH-4010 Basel, Switzerland.
www.birkhauser.ch
Part of Springer Science+Business Media Publishing Group.
Printed on acid-free paper produced of chlorine-free pulp. TCF ∞
Printing: Busch, Druck Medien Verlag, Bielefeld
ISBN-10: 3-7643-7162-5
ISBN-13: 978-3-7643-7162-3

9 8 7 6 5 4 3 2 1

INHALT

CONTENTS

»Now, it is simple.« – Frank Gehry

MANFRED RAGATI   Eine ehrgeizige Idee wird Wirklichkeit
Zur Vorgeschichte von MARTa Herford

MANFRED RAGATI   An Ambitious Idea Becomes Reality
About the antecedent of MARTa Herford

Eine Idee hat einen Namen gewonnen und Gestalt angenommen. Der Name: MARTa. Die Gestalt erscheint in der Architektur des weltbekannten Architekten Frank Gehry. Die Idee, umrissen vor annähernd zehn Jahren, wurde präzisiert durch den nicht minder berühmten Gründungsdirektor des Hauses, Jan Hoet.

MARTa – dieser Name steht für »Möbel – Art – Ambiente«. Er bezeichnet ein Museum, in dem die Grenzen von zeitgenössischer Kunst und modernem Design erkundet und überschritten werden. Im Mittelpunkt stehen hierbei die Kunst des 21. Jahrhunderts sowie aktuelle Tendenzen des Möbel-Design. Ein naheliegender Gedanke, denn Herford, die Heimat des neuen Museums, ist zugleich ein bedeutendes Zentrum der deutschen Möbelindustrie. Eröffnet wurde MARTa am 7. Mai 2005.

Unterstützt wird das zukunftsweisende Projekt durch einen engagierten, überregionalen Kreis vieler Unterstützer in ganz Deutschland: der Förderverein »MARTa – Freunde und Förderer e.V.«. Zur Eröffnung von MARTa Herford legt der Förderverein dieses Buch vor, in dem Wunsch und mit der Hoffnung, das Projekt, und insbesondere die außergewönliche architektonische Dimension des Gebäudes einer interessierten Öffentlichkeit näherzubringen. Wie kam es zu einem derart kühnen Vorhaben in Herford?

Herford, ehemals freie Reichsstadt, heute Kreisstadt mit 65.000 Einwohnern, liegt im Zentrum der Möbelindustrie von Nordrhein-Westfalen. Es war Wolfgang Clement, der damalige Wirtschaftsminister des Landes und heutige Bundeswirtschaftsminister, der in der Errichtung eines »Hauses des Möbels« – denn dies war ursprünglich geplant – eine Stärkung dieses bedeutenden Wirtschaftszweiges und einen notwendigen Impuls für dessen Weiterentwicklung sah. Dr. Lucas Heumann, der Hauptgeschäftsführer des »Verbandes der Holzindustrie und Kunststoffverarbeitung Westfalen-Lippe«, nahm diese Idee beherzt auf. Die Initiative zur ambitionierten Realisierung des Projekts ergriff der damalige Herforder Bürgermeister, Gerhard Klippstein.

An idea has now found a name and taken on a form. The name is MARTa and the form is the work of internationally renowned architect Frank Gehry. The idea, first sketched out nearly ten years ago, was developed in detail by the no less renowned founding director of the institution, Jan Hoet.

MARTa is an acronym that combines the concepts of furniture, art and ambience, and it refers to a museum in which the boundaries of contemporary art and modern design are investigated and traversed. The central focus is on the art of the 21st century and current developments in furniture design, a concept that suggests itself not least because Herford, where the new museum is located, is an important center of the German furniture industry. MARTa was opened on 7 May 2005.

The pioneering project enjoys the support of "MARTa – Freunde und Förderer e.V." – an interregional society of friends and sponsors based throughout Germany. The society is publishing this book to coincide with the opening of MARTa Herford in the hope that it will provide an insight into the project and particularly into the remarkable architectural aspects of the building. How did such a bold project come to fruition in Herford?

The city of Herford, formerly an imperial free city and today the district capital with 65.000 inhabitants, is located in the center of the North Rhine Westphalia furniture industry in western Germany. It was Wolfgang Clement, the former economy minister of the state and now federal minister for the economy, who saw the establishment of a "House of Furniture" – as foreseen by the original plan – as a way of strengthening this important branch of industry and providing an important impulse for its further development. Dr. Lucas Heumann, the director of the Timber Industry and Plastics Processing Association of the district Westphalia and Lippe, was courageous in his support for the idea, and the former mayor of Herford, Gerhard Klippstein, took the initiative in the realization of this ambitious project.

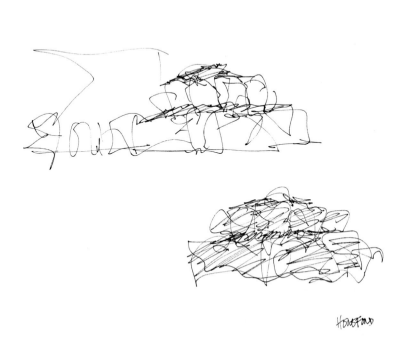

Die weitere Geschichte führte bald zu einer Ausweitung der anfänglichen Idee. 1995 hatte Frank Gehry für das heutige Unternehmen E.ON Westfalen-Weser in Bad Oeynhausen das aufsehenerregende Energie-Forum-Innovation realisiert. Die Eröffnung des spektakulären Guggenheim-Museums in Bilbao stand gerade bevor, als Frank Gehry 1997 auf meine Einladung hin erneut nach Herford kam. Auf dem Dach des Lippold-Baus stehend (in dem heute die Verwaltung und das Museums-Café untergebracht sind), gab Frank Gehry die Zusage, in Herford das Projekt zu übernehmen und mit Hartwig Rullkötter als Exekutiv-Architekten erneut zusammenzuarbeiten. Zwar wurde es dann 1998 noch einmal kritisch, denn Frank Gehry war eigentlich mit zahlreichen anderen Projekten ausgelastet. Doch als der Architekt im August 1998 in seinem Studio in Los Angeles zum Stift griff und intuitiv die erste Skizze – mittlerweile eine Ikone – zeichnete, war die Verwirklichung einer Vision gesichert. Bürgermeister Gerhard Klippstein gelang es, einen Kreis von engagierten Bürgern und Unternehmern zu einer Public-Private-Partnership zusammenzuführen. Heinrich und Heiner Wemhöner, Dieter Ernstmeier, die Gebrüder Dickenbrock und ich waren die unerschütterlichen Förderer der Idee und ihrer Realisierung. Die Landesregierung ging unkonventionelle Wege der Finanzierung mit. Wolfgang Clement, inzwischen Ministerpräsident des Landes geworden, sorgte für den entscheidenden Durchbruch. Der Rat der Stadt Herford hat ebenso seinen wichtigen Beitrag geleistet, ohne den das Projekt nicht hätte Wirklichkeit werden können.

Die Architektur eines Frank Gehry setzt nicht nur städtebauliche Maßstäbe, sie ist ebenso eine große Herausforderung für den künstlerischen Anspruch an ein Haus. Mit Jan Hoet hat Bürgermeister Thomas Gabriel einen ausgezeichneten Kenner und Manager gewinnen können, der als Direktor des Stedelijk Museum voor aktuelle Kunst in Gent erfolgreich demonstriert hat, wie Kunst zum Bürger und wie Bürger zur Kunst gebracht werden können. Jan Hoet hat mit seiner Ausstellungspolitik in Gent Maßstäbe gesetzt, indem er gezeigt hat, wie in einer Region abseits der Metropolen nationales und internationales Interesse für Kunst geweckt werden kann. Eine Erfahrung, von der eine Stadt wie Herford nur profitieren kann.

The subsequent history of the project saw a rapid expansion of the initial idea. In 1995 Frank Gehry created the Energie-Forum-Innovation for the firm of E.ON Westfalen-Weser in Bad Oeynhausen, a project that attracted considerable attention. Shortly before the opening of the spectacular Guggenheim Museum in Bilbao in 1997, Gehry came to Herford again at my invitation. Standing on the roof of the Lippold Building (which today houses the project's administration offices and the museum café) Frank Gehry agreed to take on the project in Herford, again in collaboration with Hartwig Rullkötter as executive architect. Although things reached a somewhat critical point in 1998 – Gehry was in fact already fully occupied with a range of other projects – when in August of that year the architect took up a pen in his studio and intuitively drew his initial sketch – which has now become something of an icon – the realization of a vision was guaranteed.
Mayor Gerhard Klippstein succeeded in bringing together a group of committed citizens and businesses to form a public-private partnership. Heinrich and Heiner Wemhöner, Dieter Ernstmeier, the Dickenbrock brothers and I were the core promoters of the idea and its realization. The state government responded favorably to the somewhat unconventional ways chosen to fund the project, and Wolfgang Clement, who had now become the state's chief minister, ensured the project's breakthrough. The important contribution by the Herford city council was also indispensable to the project's realization.

The architecture of Frank Gehry not only sets high standards in terms of urban development but also makes considerable artistic demands. In Jan Hoet, Mayor Thomas Gabriel was able to gain the support of a cognoscente and manager who, as director of the Stedelijk Museum voor aktuelle Kunst in Ghent, has proved so successfully how art can be brought to people and people to art. With his curatorial approach in Ghent, Jan Hoet has established a new standard by showing how national and international interest in art can be generated in a region outside the major cities. It is an approach that a city such as Herford can only profit from.

Das Herforder Museum für Kunst und Design ergänzt im norddeutschen Raum ein Ensemble verschiedener Bauten, die Frank Gehry hier realisiert hat. Nach dem erwähnten Energie-Forum-Innovation in Bad Oeynhausen, sodann dem ÜSTRA-Tower in Hannover und dem Eltern-Kind-Haus beim Herz-Zentrum in Bad Oeynhausen ist mit MARTa das vierte Gehry-Gebäude in einem eng begrenzten Gebiet entstanden.

The Herford museum of art and design supplements an ensemble of buildings in northern Germany designed by Frank Gehry. Preceded by the Energie-Forum-Innovation building in Bad Oeynhausen, the ÜSTRA Tower in Hanover and the parent-child residence at the cardiac center in Bad Oeynhausen, MARTa is the fourth Gehry building to be located in this relatively small area.

Schaut man die Architektur von MARTa Herford genauer an, so muss man auch die Walt-Disney-Concert-Hall mit in den Blick nehmen.
A closer look at the architecture of MARTa Herford also brings to mind the Walt Disney Concert Hall.

Ausgeführt wurden all diese Projekte von der Archimedes GmbH unter Hartwig Rullkötter (siehe den Beitrag »Zwischen Skulptur und Konstruktion« in diesem Buch). Bei der Betrachtung des Energie-Forums-Innovation werden Parallelen zum weltberühmten Guggenheim-Museum in Bilbao sichtbar; schaut man die Architektur von MARTa Herford genauer an, so muss man auch die Ende 2003 eröffnete Walt-Disney-Concert-Hall in Los Angeles mit in den Blick nehmen. Bezieht man schließlich den Neuen Zollhof im Düsseldorfer Hafen mit ein, so lassen sich präzise Verbindungen zum Gesamtwerk Frank Gehrys ziehen.

All these projects have been constructed by Archimedes GmbH under the direction of Hartwig Rullkötter (see "Between Sculpture and Construction" in this book). Whereas the Energie-Forum-Innovation building exhibits parallels with the Guggenheim Museum in Bilbao, a closer look at the architecture of MARTa Herford also brings to mind the Walt Disney Concert Hall in Los Angeles, which was opened in 2003. Moreover, a comparison between these buildings and the Neuer Zollhof in Düsseldorf Harbor reveals precise connections that run through Gehry's entire body of work.

Das Energie-Forum-Innovation in Bad Oeynhausen lässt eine Verwandtschaft zum Guggenheim-Museum in Bilbao erkennen, wie auch Frank Gehry stets betont. Es bildete gleichsam eine Vorstufe zu Bilbao, wie ein Luftbild-Vergleich zeigt, und war für Gehry ein Test, wie weit er die Formen dynamisch gestalten kann, ohne die Gesetze der Statik zu vernachlässigen. In Bilbao freilich ging Frank Gehry einige Schritte weiter, auch bei der Verwendung der Materialen und beim Maßstab.

As Gehry himself emphasizes, Energie-Forum-Innovation in Bad Oeynhausen is related to the Guggenheim Museum in Bilbao. It was, so to speak, a preliminary version of the Bilbao project, as is shown by a comparison of aerial shots, and for Gehry it represented a test of how dynamically forms could be designed without neglecting the laws of structural engineering. To be sure, in the case of Bilbao Gehry took the design several steps further, both in terms of materials and scale.

Der ÜSTRA-Tower in Hannover liegt in einer Entwicklungslinie mit dem Neuen Zollhof in Düsseldorf. Hier hat der Architekt die Zahl der »Tower« in der Horizontalen »dreimal verdreifacht«. Was in dieser Linie noch fehlt, ist ein Gebäude, bei dem der Tower vertikal verdreifacht würde. Denn dann hätte sich der Tower einmal um die eigene Achse gedreht. Dieses Gehry-Projekt harrt noch der Realisierung. Vielleicht findet sich noch ein Bauherr mit viel Mut dazu.

In terms of design development, the ÜSTRA Tower is related to the Neuer Zollhof in Düsseldorf. In Düsseldorf the architect extended the design in the horizontal dimension by "trebling" the number of towers "three times". What is missing from this developmental trajectory is a building with a tower that is, as it were, trebled in the vertical dimension. In such a case, the tower would have revolved once on its own axis. This Gehry project is still awaiting realization and a courageous client to finance it.

Lediglich das Eltern-Kind-Haus der Kinderherz-Chirurgie in Bad Oeynhausen erscheint wie ein Solitär. Deshalb war gerade dieses Projekt für Frank Gehry besonders herausfordernd. Entstanden ist ein wunderbares Ensemble aus Formen, Farben und Heiterkeit in einer beruhigenden Parklandschaft für Menschen in extremen Lebenssituationen. Diese Architektur ist so ein Remedium für die körperlichen und seelischen Leiden von Kindern und Eltern in gleicher Weise.

Betrachtet man als jemand, der viele Architektur-Projekte Gehrys gesehen und mitgestaltet hat, das Herforder Projekt, so drängt sich auch eine Linie zur Walt-Disney-Concert-Hall in Los Angeles auf, die im Oktober 2003 eröffnet wurde. Wenn auch der Vergleich im Maßstab nicht ganz passend zu sein scheint, so ist doch der Gedanke an eine Symphonie angebracht, wie er als Titel für die erste Veröffentlichung verwendet wurde: Für Frank Gehry als Architekten ist der Zusammenklang der Künste stets und unübersehbar stilbildend. Sei es die Musik, sei es die bildende Kunst, sei es die Literatur – alle bilden und prägen sie den Menschen, und sie sind es, die Ideen entstehen lassen und letztlich ein Gesamtkunstwerk schaffen. Wer das Glück hatte, mit Frank Gehry über mehrere Jahre zusammenzuarbeiten, erlebt diese besondere Art des Diskurses beim Gestalten besonders intensiv.

Wie bei der Concert-Hall, empfindet man auch beim MARTa-Gebäude, wie die gesamte architektonische Anlage einer Öffnung nach außen zustrebt. Frank Gehrys Worten zufolge war dieser Bereich »von innen nach außen entwickelt und war dazu gedacht, die Leute zum Eintreten einzuladen. Es sollte für jedermann zugänglich sein.« (Symphony – Frank Gehrys Walt-Disney-Concert-Hall, New York 2004, S. 11). Die Dachformen, die Licht nach innen bringen, aber auch offen sind für die unbegrenzten Möglichkeiten der Kunst! Die Plaza als ein öffentlicher Ort der Begegnung und des Eintretens! Die Dimensionen der Räume, die die Kunst sich entfalten lassen! Dies alles sind Erlebnisräume, die im symphonischen Zusammenspiel die bildende Kunst gleichsam zum Klingen bringen. Eine ähnliche Zielsetzung findet sich übrigens in Jan Hoets inhaltlicher Konzeption für das Museum wieder (siehe den Beitrag »Architektur als Material gewordene Wirklichkeit« in diesem Buch). Die Linien verbinden MARTa mit der Walt-Disney-Concert-Hall in Los Angeles. Gleichzeitig schafft und schließt MARTa ein wunderbares Ensemble aller Gehry-Projekte in Hannover, in Bad Oeyhausen und in Düsseldorf ab.

It is only the parental residence at the clinic for congenital heart problems at the North Rhine Westphalia Cardiac Center in Bad Oeynhausen that seems to constitute a solitary structure. For this reason, the project represented a particular challenge for Frank Gehry. The result is a wonderfully cheerful ensemble of forms and colors located in a soothing park landscape for people in extreme existential situations. The architecture thus acts as a remedy for the physical and mental suffering of both parents and children.

Observing the Herford project from the perspective of someone who has seen many of Gehry's projects and has been directly involved in several of them, a connection also emerges to the previously mentioned Walt Disney Concert Hall in Los Angeles, which was opened in October 2003. Although the comparison is not really appropriate with regard to scale, the idea of a symphony – the title of a book on Gehry's concert hall design – forms a connecting theme: for Gehry as an architect the notion of artistic harmony constantly informs style. Whether music, fine arts or literature – all of these forms mould the human being, give rise to ideas and ultimately create a total work of art. Anyone who has had the good fortune to work with Frank Gehry over many years will have gained a particularly intensive experience of this specific design discourse.

As in the case of the concert hall, the MARTa building gives the observer the feeling that the entire architectural structure aspires to achieve an opening to the exterior space. As Gehry puts it: "[It was] designed from the inside out and was meant to invite people to come inside. It was intended to be accessible to everyone." (Symphony – Frank Gehry's Walt Disney Concert Hall, New York 2003, p. 11). The forms making up the roof, which guide light into the interior but are also open for the unlimited possibilities of art, the plaza as a public space for encounters and building access, the unusual dimension of the rooms which allow the art to unfold – all these elements form experiential spaces that facilitate a symphonic interplay of art. A similar aim can be seen in Jan Hoet's concept for the museum (see "Architecture as Materialized Idea" in this book). These aspects connect MARTa with the Walt Disney Concert Hall in Los Angeles. At the same time, MARTa creates and completes a wonderful ensemble of Gehry projects in Hanover, Bad Oeyhausen and Düsseldorf.

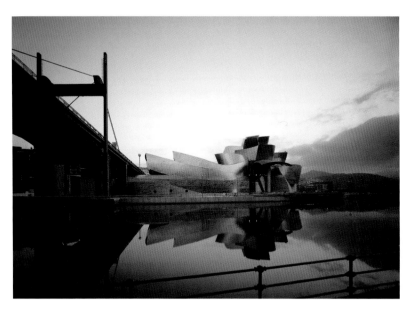

Walt Disney Concert Hall, Los Angeles **Neuer Zollhof**, Düsseldorf

Der ganzheitliche Ansatz von Architektur als ebenbürtiger Kunst unterscheidet Gehry von anderen Architekten, die in ihrer Arbeit lediglich eine dienende Funktion sehen. Das macht es so spannend, mit Gehry zu arbeiten. Die Phase der Umsetzung hat bei ihm eine zentrale Bedeutung bei der Fortentwicklung eines Projekts, insbesondere dann, wenn der Bauherr mit seinen Kenntnissen der lokalen Gegebenheiten spezifische Anregungen einbringt. Das Überschreiten von Grenzen und das Offenhalten von Formen erzeugen jene unverwechselbare Spannung, die die Architektur von Frank Gehry auszeichnet. Es gebe für ihn, sagte er mir einmal, kein definitives Design, wenn es nicht zu einem festen Termin realisiert sein müsse. Vielleicht wäre die vollendete, aber dennoch stets wandelbare Form sein Ideal. Sein Wohnhaus in Santa Monica scheint diesem Ideal des ständig veränderbaren Bauens oder des Bauens in ständiger Veränderung nahe zu kommen.

Gehry's holistic approach to architecture as an art form in itself — as distinct from other approaches which see architecture as merely serving other arts — is one of the things that make it so exciting to work with him. In particular, the phase in which design becomes structure has a central role for Gehry in the progress of the project, especially when clients contribute their knowledge of local conditions and specific suggestions. The distinctive tension in Frank Gehry's architecture is based on the way his designs cross boundaries and retain open forms. As he explained to me once, for him there would be no definitive design if he did not have to meet a fixed deadline. Perhaps his ideal would be a perfected form that can nevertheless constantly be altered. His home in Santa Monica seems to approach this ideal of the constantly varying construction or construction in constant variation.

Diese Achtung der Menschenwürde ist der Inhalt von Frank Gehrys gesamtem Lebenswerk.

This regard for human dignity forms the substance of the entirety of Frank Gehry's work.

Dieser philosophische Ansatz, über Grenzen hinaus sich zu bewegen, den steten Wandel als einzige Konstante zu erleben und zu leben, gibt seiner Architektur eine Tiefe, wie sie nur wenigen Architekten zu Eigen ist. Frank Gehry würde sich selbst nicht als einen Philosophen oder gar einen Künstler bezeichnen. Er pflegt zu sagen: »Ich bin Architekt – aber Michelangelo hat auch Häuser gebaut.« Sein Denken bewegt sich um die Befindlichkeit des Menschen, und seine Gesprächspartner sind oder waren Philosophen wie Derrida und Bourdieu, Künstler wie Oldenburg und Serra, Musiker wie Boulez und Rattle. Die verschiedenen Ausdrucksformen des menschlichen Lebens in der bildenden Kunst, in der Literatur (z.B. eines James Joyce), in der klassischen und zeitgenössischen Musik beeinflussen seine Arbeit im täglichen Leben. Er weiß um den Anspruch des Menschen auf die Achtung seiner Würde aus eigener Erfahrung in seiner jüdischen Familie. Diese Achtung der Menschenwürde ist der Inhalt von Frank Gehrys gesamtem Lebenswerk. In Herford findet es mit MARTa als einem großen Bauwerk der Weltarchitektur ein weiteres und beeindruckend neues Mal seine Verwirklichung.

This philosophical approach, which entails moving beyond boundaries and experiencing and living permanent change as the only constant, gives his work a depth found among only a few other architects. Frank Gehry would not characterize himself as either a philosopher or an artist. What he will say is, "I am an architect – but Michelangelo also built houses." The theory informing his work deals with the existential orientation of the human being, and his interlocutors include or have included philosophers such as Derrida and Bourdieu, artists such as Oldenburg and Serra, and musicians such as Boulez and Rattle. The varied forms of expression of human existence in the fine arts, in literature (for instance in the work of James Joyce) and in classical and contemporary music influence his work in daily life. His experience of his own Jewish family informs his awareness of the claim of the individual to a regard for his or her dignity. This regard for human dignity forms the substance of the entirety of Frank Gehry's work. In MARTa Herford this conviction is once again realized in an impressive example of world architecture.

JAN HOET   Architektur als Material gewordene Wirklichkeit
MARTa als kuratorische Herausforderung

JAN HOET   Architecture as a Materialized Idea
MARTa as a curator's challenge

Das MARTa Herford hat, was die Architektur betrifft, in gewisser Hinsicht eine ähnliche Ausgangsposition, wie ich sie beispielsweise im Stedelijk Museum voor aktuelle Kunst (S.M.A.K.) in Gent vorgefunden habe. Auch im S.M.A.K. wurde ein bereits existierendes Gebäude erneuert und so umgewandelt, dass in diesen Räumlichkeiten Kunst gezeigt werden kann. Aber im S.M.A.K. ist das gesamte Gebäude in seiner Grundform bestehen geblieben, alle Wände sind geradlinig und rechtwinklig. Beim MARTa Herford stand dagegen von vornherein fest, dass die neue Raumgestaltung in der Kombination von Lippold-Gebäude und Gehrys charakteristischer Formensprache eine kreative Dynamik und somit allein schon vom Gebäude her ein in der Erscheinung originäres Gesamtkunstwerk hervorbringen würde.

Als künstlerischer Leiter eines Museums muss man zunächst einmal das neue Gebäude nach und nach kennen lernen – der Dialog zwischen Architektur, Kunst und Design im MARTa Herford wird sich in drei Jahren anders artikulieren als heute, zum Zeitpunkt der Eröffnung. Dieser Entwicklungsprozess entspricht dem grundlegend als Prozess ausgerichteten Charakter des Gesamtprojekts MARTa: Die Bereiche, in denen MARTa Herford arbeiten wird, bewegen sich im Schnittpunkt von Design und Kunst, von Selbstwahrnehmung und Fremdbezügen ästhetischer Objekte. Die Kunst wird auf ihrem Status hin befragt sowie auf ihre musealen, alltäglichen und kommerziellen Kontexte untersucht – etwa in Aspekten wie der Autonomie und der Funktion, dem Unikat und dem Multiple, dem modernen Nomadentum und der »Museifizierung« des Objekts, dem Dekorativen und dem Narrativen. Dem Prozess des Kunstschaffens, der Ideenfindung und -entwicklung, dem Prozess der Auseinandersetzung sowie der Verwirklichung von Visionen kommt dabei eine fast ebenso wichtige Bedeutung zu wie dem endgültigen Werk oder Designprodukt.

Insofern ist MARTa Herford mehr als ein Museum, mehr als ein dreidimensionales Archiv, in dem Arbeiten gelagert und der Öffentlichkeit präsentiert werden: MARTa Herford ist ein flexibles, dynamisches Instrument, das es uns ermöglicht, die Entwicklung der Kunst nachzuvollziehen und Veränderungen in der Gesellschaft im allgemeinen festzustellen. Es ist eine Art Labor, in dem eine wirkungsvolle Interaktion zustande kommt zwischen theoretischen Denkweisen, textueller Reflexion und der künstlerischen Praxis. Die künstliche Barriere, die zwischen diesen Bereichen gebildet wurde, wird abgebaut.

To a certain extent, the architectural starting point for MARTa Herford was similar to the one I encountered in the Stedelijk Museum voor aktuelle Kunst (S.M.A.K.) in Ghent – in both cases an existing building was renovated and converted such that its spaces could be used to exhibit art. However, in the case of S.M.A.K., the basic form of the entire building was retained; all the walls are straight and join at right angles. By contrast, in the case of MARTa Herford it was clear from the beginning that the combination of the existing Lippold Building and Frank Gehry's characteristic use of form would result in a creative dynamic and a structure that in itself would represent an original and total work of art.

As the artistic director of a museum, one must first gradually become acquainted with the new building – the articulation of the dialogue between architecture, art and design in MARTa Herford will be different in three years from its articulation now at the time of its opening. This development corresponds to the process-oriented character of the overall MARTa project: the areas in which MARTa Herford will operate are found at the intersection of design and art, of self-perception and external references of aesthetic objects. Art will be interrogated as to its status and examined in the contexts of the museum, the everyday world and the commercial sphere – for instance with regard to aspects of autonomy and function, the unique and the multiple, modern nomadism and the "museumization" of the object, the decorative and the narrative. Here the process of artistic creation, of generating and developing ideas, the process of debate and the realization of visions gains a meaning that is almost as important as the finished work or design product.

In this sense, MARTa Herford is more than a museum, more than a three-dimensional object in which works are stored and presented to the public. MARTa Herford is a flexible, dynamic instrument which enables us to comprehend the development of art and to detect in general terms the changes in society. It is a type of laboratory in which an effective interaction takes place between a theoretical way of thinking, textual reflection and artistic practice. The artificial barriers that have been constructed between these areas are dismantled.

Es lässt sich seit mehr als zehn Jahren feststellen, dass es immer mehr Künstlerinnen und Künstler gibt, die sich in ihren Werken anderen außerkünstlerischen Bereichen öffnen. Im Zuge dieser Entgrenzung der künstlerischen Praxis hat besonders das Design seitdem eine neuartige Position eingenommen. Sicher ist: Seit Anfang der neunziger Jahre ist inner- und außerhalb Europas eine neue Künstlergeneration entstanden, die Designvokabeln benutzt, um die traditionellen Kunstgrenzen zu zerstören. Hierzu zählen so verschiedene Künstler wie Jorge Pardo, Tobias Rehberger, Stephan Kern, Johannes Wohnseifer, Anton Henning, Joep van Lieshout, Joe Scanlan, Andrea Zittel, Liam Gillick, Angela Bulloch und Guillaume Bijl. Wie ihre Vorläufer Franz West, Richard Artschwager oder John Armleder beziehen sie sich auf Möbelreferenzen, welche durch ihre Kunst und eben auch durch die Ausstellungen im MARTa in ihrer Basis befragt werden. Kunst wird im MARTa Herford, mit seinen Bezügen zur regionalen Möbel- und Textilindustrie, in ihren stets neuen Zusammensetzungen und in ihren Erweiterungen untersucht.

Over the last ten years it has become evident that there is an increasing number of artists who in their work are opening out their perspectives to include areas outside art. In the wake of this dismantling of the boundaries of artistic practice, design in particular has assumed a new position. What is clear is that since the beginning of the nineties a new generation of artists has emerged both in and outside Europe who are utilizing the vocabulary of design to destroy the traditional boundaries of art. This group includes such diverse figures as Jorge Pardo, Tobias Rehberger, Stephan Kern, Johannes Wohnseifer, Anton Henning, Joep van Lieshout, Joe Scanlan, Andrea Zittel, Liam Gillick, Angela Bulloch and Guillaume Bijl. Like their forerunners Franz West, Richard Artschwager and John Armleder, the work of these artists features references to furniture which are fundamentally interrogated through their art as they are through the exhibitions in MARTa. Art in MARTa Herford, with its references to the regional furniture and textile industry, is examined in terms of its constantly new composition and its extensions.

Jeder Raum hat seinen eigenen Charakter; jeder Raum bringt immer auch die Persönlichkeit Frank Gehrys zum Ausdruck.
Each space has its own character; each space gives expression to Frank Gehry's personality.

Anders als andere Bauprojekte Gehrys bietet das MARTa Herford eine Kombination von strukturell äußerst unterschiedlichen Raumsituationen: Die Galerie im Lippold-Gebäude ist gewissermaßen neutral gehalten und entspricht noch am ehesten der Vorstellung von einem Museum als White Cube. Der Dom und die umliegenden Galerien zeigen dagegen den besonderen, eigenwilligen Charakter von Gehrys Formensprache. Dabei haben die kleineren Seitengalerien geschwungene Grundlinien, während der Dom einen rechtwinkligen Grundriss aufweist. Hier beginnen die Wölbungen erst ab einer Höhe von ca. 5 Metern. So finden sich im MARTa Herford ganz verschiedene Ausstellungsräume, jeder mit seiner ganz eigenen Atmosphäre.

In contrast to other Gehry building projects, MARTa Herford offers a combination of spatial situations that vary radically in structural terms. The gallery in the Lippold Building is to a certain extent maintained as a neutral space and comes closest to the idea of a museum as a white cube. The dome and the surrounding galleries, on the other hand, illustrate the particular, original character of Gehry's use of forms, with the small side galleries featuring curved lines and the dome a right-angled ground plan. Here the curvatures begin at a height of around five meters. MARTa Herford thus contains quite different exhibition spaces, each with its own distinctive atmosphere.

Die MARTa-Architektur stellt damit eine große Herausforderung an die Ausstellungsmacher: Jeder Raum hat seinen eigenen Charakter, der durch den Architekten bestimmt ist; jeder Raum bringt immer auch die Persönlichkeit Frank Gehrys zum Ausdruck. Wenn man sich zudem den Grundriss der kleinen Seitengalerien anschaut, wird deutlich, dass es im MARTa Herford bestimmte Winkel gibt, die durch ihren gewölbten und geschwungenen Charakter in der Tat das Ausstellen bestimmter Kunstformen unmöglich machen: Wie soll man an einer schiefen Wand gerade Bilder hängen? Natürlich könnte ein Künstler direkt auf der Wand arbeiten; letztlich aber bleibt auf den ersten Blick scheinbar nur die Möglichkeit, in dieser Ecke immer eine Skulptur auszustellen. Liegt jedoch nicht gerade in diesen Gegebenheiten eine besondere Herausforderung, die das Bespielen der Ausstellungsräume im MARTa Herford erst interessant macht?

The architecture of MARTa Herford thus presents the exhibition director with a substantial challenge. Each space has its own character which has been determined by the architect; each space gives expression to Frank Gehry's personality. If one also takes into consideration the ground plan of the small side galleries, it becomes clear that in MARTa Herford there are certain zones that, due to their curved and sweeping character, make the exhibiting of certain art forms impossible. How are pictures to be hung on tilted walls? Of course, an artist could work directly onto the wall; however, at first glance it would appear that the only possibility is to place a sculpture in the corner. And yet, might it not be the case that this situation presents a particular challenge that makes the exhibition spaces in MARTa Herford interesting in the first place?

Viele Architekten haben sich inzwischen losgelöst vom reinen Funktionalbau, man denke an die phantastischen Bauwerke von Richard Meier, Zaha M. Hadid, Daniel Libeskind, Fumihiko Maki und, schon Jahrzehnte vorher, von Architekten wie Antoni Gaudí. Allerdings ist die Situation beim Bau einer Kirche wie der Sagrada Familia eine andere als beim Bau eines Museums: dies vor allem angesichts der sehr ungleichen Anforderungen an die jeweilige Architektur und die Möglichkeiten ihrer Nutzung.

Die Museumsarchitektur des 20. Jahrhunderts war lange Zeit geprägt durch Konzentration auf funktionale Aspekte, einhergehend mit der Vorstellung, ein neutral gehaltener, rechtwinkliger, weißer Raum ermögliche eine gewissermaßen objektive Kunstwahrnehmung. Heute sind wir uns mehr denn je bewusst, dass es eine objektive Kunstwahrnehmung nicht geben kann. Der White Cube der siebziger Jahre ist selbst längst zu einer historischen Referenz geworden. Der museale Raum ist gegenwärtig eher eine transparente Black Box: beziehungsreich und offen, assoziativ und geheimnisvoll, selbstbezogen und fremd-orientiert. Jedes Kunst-Objekt ist heute doppelgesichtig: zugleich Dokument seiner eigenen Inszenierung und Fiktion innerhalb eines Kontextes, der zur Kunst gehört. Kunst heute ist sozusagen funktional funktionslos: Werke wirken heute als Metaphern im Kontext Kunst, und sie sind selbst als ästhetische Objekte zwischen Kunst und Design ohne Funktion. Das heißt jedoch: Kunst stellt sich selbst in Frage, markiert ihre eigenen Grenzen und präsentiert Räume, in denen wir uns jeweils neu fragen müssen, wo die Grenzen zwischen uns selbst und dem Anderen — hin und her — verlaufen. In diesem Zusammenhang kommt dem tatsächlichen, konkreten Raum, in dem Kunst sich ereignet, seine ganz eigene Aufgabe zu.

Bei der Ausstellung »Chambres d'amis« beispielsweise, 1986 in Gent, stellten 70 Stadtbewohner ihre private Wohnung als Raum für eine Kunstinstallation zur Verfügung, so dass sich die Künstler mit im wahrsten Sinne individuellen Raumsituationen auseinander setzten. Für diese wenigen Wochen war die Trennung zwischen Kunst und Alltag aufgehoben. Für den Dom des MARTa Herford hat Anton Henning

Many architects have now moved away from purely functional building, as seen in the work of Richard Meier, Zaha M. Hadid, Daniel Libeskind, Fumihiko Maki and, even decades before, architects such as Antoni Gaudí. However, building a church like the Sagrada Familia is quite different from building a museum, above all in view of the very different requirements of the architecture and its possible uses.

For much of the twentieth century, museum architecture was shaped by a focus on functional aspects, which coincided with the idea that a neutral, right-angled white space facilitated a certain objectivity in the perception of art. Today we are more aware than ever that such an objective perception is not possible. The white cube of the seventies has itself long become a historical reference. The museum space of the present is seen more as a transparent black box: rich in associations and open, associative and mysterious, self-referential and externally oriented. Today, every art object is two-sided: at once both a document of its own stage-management and a fiction within a context that belongs to art. Art today is, so to speak, functionally functionless: today works operate as metaphors in the art context, and are themselves, as aesthetic objects between art and design, without function. However, this means that art questions itself, marks out its own boundaries and presents spaces in which we have to ask ourselves repeatedly where the boundaries run between us and the other. In this context, the actual, concrete space in which art takes place has its own specific task.

In the exhibition "Chambres d'amis", which took place in 1986 in Ghent, 70 city residents made their private homes available as the space for an art installation, which meant that the artists involved worked with quite individual spatial situations. For these few weeks, the separation between art and everyday life was annulled.

Heute sind wir uns mehr denn je bewusst, dass es eine objektive Kunstwahrnehmung nicht geben kann.

Today we are more aware than ever that such an objective perception is not possible.

eine als Raum im Raum stehende Installation vorgeschlagen, bei der der Künstler eine sechseckige Bühnenarchitektur errichtet, die als ein begehbares Bild, als eine eigenständige Skulptur einen Kontrast zur Architektur Frank Gehrys bildet. Anton Henning erschafft damit einen autonomen Raumkontext, der seine Eigenständigkeit ebenso betont wie diese auch die Abhängigkeit von der vorhandenen Außenarchitektur akzentuiert.

For the dome of MARTa Herford, Anton Henning suggested an installation involving a space within a space, which entailed the artist constructing a hexagonal stage structure. The result is a picture that can be traversed, which, as an independent sculpture, forms a contrast to the architecture of Frank Gehry. In this way, Anton Henning creates an autonomous spatial context which emphasizes its independence just as this independence accentuates the dependence on the existing external architecture.

Wenn der Künstler also in der Lage ist, mit der Architektur in ein Wechselspiel zu treten, dann gewinnt in dieser bewussten Auseinandersetzung mit dem Raum, mit der Architektur die Kunst an Intensität und Stärke. Dies natürlich nur unter der Bedingung, dass beide, die Architektur wie die Kunst, autonom bleiben: Wäre die Kunst innerhalb der Räume an die Architektur angepasst, würde sie schlimmstenfalls zu bloßer Dekoration degenerieren. So wie eine Tapete, deren Form von den Vorgaben des Raumes abhängig ist: Sie ist kein Störfaktor im Raum, sie irritiert nicht das Auge des Betrachters. Es ist jedoch eine der Aufgaben von Kunst, zu irritieren – und auf diesem Weg neue Wahrnehmungen und neue Perspektiven zu evozieren.

Kunst war immer schon auf der Suche nach den ihr eigenen Energien, sie ist wahrhaft ein Medium von Passionen und obsessiven Ideen. Es macht keinen Sinn, Kunst nur äußerlich zu betrachten oder als Wert zu »besitzen«: Die Obsession, das Zwanghafte, das aus der Schönheit von Kunst sprechen kann, das Entdecken und Finden von Widersprüchen und Grenzen – das alles hat viel mit Kunst, aber auch viel mit unserer eigenen Identität zu tun. Wer über Kunst spricht, der spricht immer auch von (und mit) sich selbst. Wer Kunst wahrnimmt, sieht auch sich selbst mit einem veränderten Blick. Wo Kunst war, kann das Ich nicht weit sein.

Aktuelle Künstler wie Anton Henning arbeiten in einer Weise, dass ihre Installationen sehr bewusst mit dem jeweiligen Ausstellungsraum in Beziehung treten. Gehrys Architektur bietet für einen solchen Dialog unendlich viele Anknüpfungspunkte.

When the artist is able to enter into an interplay with the architecture, this conscious confrontation with the space, with the architecture, results in the art gaining in intensity and strength. This is of course only possible on the condition that both architecture and art remain autonomous. Were the art within the spaces adapted to the architecture, it would, in the worst case, degenerate into mere decoration – like wallpaper the form of which is prescribed by the character of the room such that it does not disturb the space, does not irritate the eye of the beholder. However one of the tasks of art is to irritate – and in this way to evoke new perceptions and new perspectives.

Art has always been a search for the energies that inform it; it is truly a medium of passions and obsessive ideas. It make no sense to merely observe art from the outside or to "possess" it as a value: the obsession, the compulsion that can speak out of the beauty of art, the discovery of contradictions and boundaries – all of this has much to do with art but also with our own identity. Anyone who speaks about art is always also speaking about (and with) him or herself. Anyone who perceives art also sees him or herself from an altered point of view. Where art has been, the ego cannot be far away.

Contemporary artists like Anton Henning work in such a way that their installations very consciously form a relationship with the respective exhibition space. Gehry's architecture offers an infinite array of possibilities for such a dialogue.

Wer Kunst wahrnimmt, sieht auch sich selbst mit einem veränderten Blick. Wo Kunst war, kann das Ich nicht weit sein.
Anyone who perceives art also sees him or herself from an altered point of view. Where art has been, the ego cannot be far away.

Viele werden automatisch an Bilbao denken, schon bevor sie MARTa Herford wirklich gesehen haben – und es gibt in der Tat vergleichbare Aspekte. Das Bilbao Guggenheim ist jedoch von Anfang an deutlich urbanistischer konzipiert. Bilbao Guggenheim repräsentiert ein städtisches Signal nicht nur in inhaltlicher Hinsicht, sondern, und hier unterscheidet es sich vom MARTa Herford, auch in formalem Betracht. So greifen allein schon der Standort von Bilbao Guggenheim und die Struktur des Grundrisses viel deutlicher in die urbane Situation ein. Zugleich finden sich die barocken Schwünge und Kurven nicht nur in der äußeren Form, sondern sie setzen sich im Innern des Bilbao Guggenheim fort. Demgegenüber wurde das MARTa Herford von der ersten Skizze an für ein ganz bestimmtes, begrenztes, rechtwinkliges städtisches Gelände und in Integration eines bestehenden Gebäudes aus der Mitte des 20. Jahrhunderts entworfen. In seiner gesamten Struktur ist es im Vergleich mit dem Bilbao Guggenheim eher als klassisch zu bezeichnen. Schon der Aufbau der Galerien mit dem zentralen Dom und den kleineren Seitengalerien entspricht Museumsbauten wie der Pinakothek in München oder dem Amsterdamer Rijksmuseum: In traditioneller Weise sind hier rund um einen Zentralraum – in welchem zum Beispiel die Meisterwerke von Rubens gezeigt werden – mehrere Kabinette angeordnet,

Many people will think of Bilbao even before they have really seen MARTa Herford – and in fact there are comparable aspects. However, the conception of the Guggenheim Museum in Bilbao was clearly urbanistic from its inception. Guggenheim Bilbao represents an urban signal not only in terms of content but – and here it is different to MARTa Herford – also in formal terms. Thus, the location of Guggenheim Bilbao and the structure of the ground plan already mesh far more clearly with the urban situation. At the same time, the baroque sweeps and curves are found not only in the external form but continue in the interior of the building. By contrast, from the initial sketches onwards, MARTa Herford was designed for a quite particular, limited, right-angled urban site and as a structure integrated within existing building from the middle of the twentieth century. When compared with the Guggenheim Bilbao, it is more classical in character. The gallery structure, with its central dome and small side galleries, in itself exhibits similarities to the Pinakothek in Munich and the Amsterdam Rijksmuseum, which feature a traditional central space – containing, for example, the masterpieces of Rubens – surrounded by several small gallery spaces, in which – to continue with this example – smaller genre pictures are exhibited. This synthesis of classic museum structure, on the one hand,

in denen, um bei diesem Beispiel zu bleiben, kleinere Genrebilder ausgestellt sind. Diese Synthese aus klassischer Museumsstruktur auf der einen Seite und Frank Gehrys skulpturalen Formen-Ensembles auf der anderen Seite bewirkt im MARTa Herford eine vollkommen neuartige Ausstellungssituation. Intuitiv empfindet man diese Architektur als Material gewordene Idee ihres Schöpfers.

Ein reiner Funktionalbau lässt nur die Funktion des Gebäudes, seine Räume und einzelnen Bestandteile sichtbar werden. Die Architektur Frank Gehrys beim MARTa Herford hingegen trägt nicht nur der Funktion Rechnung, sie befragt zugleich auch die Funktion des Gebäudes und lässt den Traum des Architekten in Stein, Holz und Stahl erfahrbar werden. Sie kreiert damit im konkreten wie im übertragenen Sinne den angemessenen Raum für die Ideen, Visionen und Impulse, die MARTa Herford nicht zuletzt durch prospektive Ausstellungen und als Ort der Konfrontation der traditionell getrennten Bereiche Wirtschaft, Design und Kunst entwickeln und ausstrahlen wird.

and Frank Gehry's sculptural ensemble of forms on the other, results in a completely new type of exhibition situation in MARTa Herford. One intuitively experiences this architecture as its creator's idea given material form.

A purely functional building allows only the function of the structure, its rooms and individual elements to be visible. By contrast, Frank Gehry's architecture in the case of MARTa Herford not only takes function into account but at the same time also questions the function of the building and enables the dream of the architect to be experienced in stone, wood and steel. In both a concrete and a figurative sense, it thereby creates a fitting space for the ideas, visions and impulses which MARTa Herford will develop and communicate not least through prospective exhibitions and as a site of confrontation between the traditionally separate spheres of economics, design and art.

JAN HOET Ich bin niemand, der Pläne macht. – **FRANK GEHRY** Genauso mache ich das!
Ein Gespräch über »Möbel – Art – Ambiente« am 6. November 2004 in Herford

JAN HOET I'm not always planning. – **FRANK GEHRY** That's how I do it.
A conversation about "furniture, art, and ambience" on 6th November 2004 in Herford

CLAUDIA HERSTATT Herford ist eine Provinzstadt so wie einst Bilbao, so wie einst Gent. Beide Städte haben sich durch Architektur und Kunst sehr verändert. Darum möchte ich Herrn Gehry gleich zu Anfang fragen: Wie haben Sie das in Bilbao erlebt, was haben Sie dort in Gang gesetzt und was hat Ihnen Freude bereitet?
FRANK GEHRY Das ist eine lange, lange Geschichte, das dauert...
CLAUDIA HERSTATT Wunderbar, dann muss ich nicht so viel reden!
FRANK GEHRY Die Stadt, die Regierung, der Präsident, der Kulturminister sowie der Handelsminister, sie alle haben einen Plan gemacht, um die Stadt zum Besten umzugestalten. Die Werft- und Stahlindustrie befand sich in einem Abwärtstrend, und die jungen Leute wanderten ab. Es wurde eine Infrastruktur für das Transportwesen und die Kultur geschaffen, und damit wurde vieles in der Stadt bewegt. Vier Architekten wurden auserwählt: Foster baute die U-Bahn, James Stirling plante den Bahnhof, doch er ist dann gestorben, und so wurde er nie gebaut... Calatrava baute den Flughafen. Dann gab es noch einen jungen Architekten, Soriano, der die Kongresshalle gebaut hat. Und wir wurden gebeten, das Museum am Flussufer zu bauen. Ich erzähle Ihnen das alles, weil es nicht ausreicht, einfach nur ein Gebäude errichten, um die Welt zu verändern. Die Öffentlichkeitsarbeit hat dann irgendwie in Bilbao einen Stein ins Rollen gebracht. Es bedarf einer gesamten Infrastruktur, Veränderungen und so weiter, und das Gebäude – mein Gebäude – war der Katalysator.

CLAUDIA HERSTATT Herford is a provincial town like Bilbao used to be, like Ghent used to be. Both cities have changed a lot due to architecture and art. Therefore I would like to ask Mr. Gehry right now at the beginning: How have you experienced that in Bilbao, what have you instigated there and what pleased you?
FRANK GEHRY That's a long, long story, it will take...
CLAUDIA HERSTATT Wonderful, then I don't have to talk so much!
FRANK GEHRY The city, the government, the president, the minister of culture, the minister of commerce: they all made a plan to change the city at the best. The industry of shipping and steel was in a decline and the young people were leaving. They created an infrastructure for transportation and culture, and with that they did many things in the city. There were four architects chosen: Foster did the subway system, James Stirling did the train station but he died, and it was never made... Calatrava did the airport. And there was a young archtitect, Soriano, who did the congress hall. And they asked us to build the museum on the river front. The reason I'm telling you all these things is that the issue is that you can't just bring one building and change the world. And the public relations somehow has just started what happened in Bilbao. So it's a whole infrastructure, changes, and so on, and the building – my building – was catalytic.

CLAUDIA HERSTATT Ich möchte Herrn Hoet fragen, ob er hier in Herford auch so eine gute Unterstützung durch die Pressearbeit erfahren hat – wie Sie in Bilbao –, um das Museum bzw. Ihr Gebäude bekannt zu machen?

Jan Hoet greift zum Mikrofon der Moderatorin

FRANK GEHRY He, das ist nicht Dein Mikrofon...

JAN HOET Zunächst einmal muss ich sagen, dass ich nicht in Herford geboren wurde. Ich komme aus dem Ausland, und zwar aus Belgien. Meine erste Entscheidung war, hier zu wohnen, gleich als Erstes. Man muss in der Stadt leben, in der man etwas erreichen will. Man kann nicht in Belgien leben, wenn man in Herford arbeitet. Das ist nicht möglich. Aber natürlich schafft man das alles nicht an einem Tag... diesen Kontakt zu den Menschen zu haben. Also muss man erst nach Leuten aus der Kunstszene suchen. Die ersten Menschen, die ich traf, waren diejenigen, die etwas mit der Architektur von Gehry und dem Museum zu tun hatten. Um dem Ganzen hier Impulse zu verleihen, versuchte ich daher, mit diesen Menschen in Berührung zu kommen... und nachzudenken. Ja, nachzudenken. Nachdenken ist ebenfalls eine organische Lebensweise.

FRANK GEHRY Sehr gefährlich... sehr gefährlich!

JAN HOET Die Architektur von Gehry ist eine Herausforderung zum Nachdenken. Was soll man damit anfangen? *Frank Gehry beginnt zu lachen* Ja, denn es handelt sich nicht um ein konventionelles Museum. Hier gibt es keinen traditionellen Stil, keine normale Art und Weise, wie ein Museum funktioniert, sondern es ist völlig anders. Hier gibt es größere Räume, hier gibt es Wände, die den Blick nach oben führen, anstatt nach vorn. Unser Blick, unsere Wahrnehmungsweise wird völlig verändert.

FRANK GEHRY Darf ich etwas sagen? Als ich hörte, dass Du hierher kommen würdest, war ich sehr froh. Und der Grund dafür ist, dass Du in der Vergangenheit aus einer Kirche ein Museum gemacht hast, dann nahmst Du Dir ein altes Haus vor, ein altes Schloss, eine Straße... Du hast alles gemacht! Du kannst ohne Probleme an jedem beliebigen alten Ort ein neues Museum planen. Deshalb war ich so froh.

CLAUDIA HERSTATT I would like to ask Mr. Hoet, if he too here in Herford has experienced such a good support from public relations – as you had in Bilbao – to promote the museum and/or your building?

Jan Hoet takes the presenter's microphone

FRANK GEHRY Hey, that's not your microphone...

JAN HOET First of all I'm not somebody who was born in Herford. I came from abroad, namely Belgium. The first decision I took was to live here. First thing. So you have to live in the city where you want to achieve something. You cannot live in Belgium when you work in Herford. That is not possible. But of course it's not possible to do that in one day... to have this contact with the people. Then you have to look for people who are already engaged with the art scene. The first people I met were those who are engaged with the architecture of Gehry and the museum. In order to give new impulses to the whole thing here, I tried to get in touch with these people... and to think. Yes, to think. Thinking is also an organic way of life.

FRANK GEHRY Very dangerous... very dangerous!

JAN HOET The architecture of Gehry is a challenge for thinking. What to do with it? *Frank Gehry starts laughing* Yes, because it's not a conventional museum. There is not a traditional style, not a normal way a museum is functioning, but it is totally different. There are bigger rooms, there are walls leading your view to the top and not in front of you. Our view, our way of perception is totally changed.

FRANK GEHRY May I say something? When I heard you were coming here, I was very happy. And the reason is that in the past you took an old church and made a museum, you took an old house, then you took an old castle, you took a street... You did everything! So you can take any old place and make a new museum – no problem! So I was happy.

JAN HOET Ja, das stimmt. Aber jedenfalls gibt es nichts, das mit deiner Arbeit verglichen werden könnte. Denn eine Kirche zum Beispiel hat diese üblichen Parameter, die wir alle kennen.

FRANK GEHRY Gott sei Dank...

JAN HOET Eine Kirche hat diese bekannten Parameter, ein Haus hat diese bekannten Parameter. Jeder wird in ein Haus hineingeboren. Jedes Haus hat denselben Aufbau: Es gibt einen Flur, es gibt ein Esszimmer, eine Küche und ein Schlafzimmer. Diese Parameter kennt man einfach: die Parameter eines Hauses, die Parameter einer Kirche... Doch die Parameter eines Gebäudes von Gehry kennt man nicht! Und das ist... unglaublich fantastisch.

FRANK GEHRY Das ist eine gute Sache!

JAN HOET Voilà, das ist eine gute Sache! Weil es dich neugierig macht: Du stellst dich selbst in Frage... du stellst deine Identität in Frage, deine Position im Leben.

FRANK GEHRY Jan, ich habe viele Künstler als Freunde... Leute, die wir beide seit Jahren kennen.

JAN HOET Ja! Serra, Oldenburg...

FRANK GEHRY Viele sagen mir seit Jahren, dass ihnen die Museen nicht gefallen, die gebaut werden. Ich frage sie dann, was ihnen gefällt. Das erste, was sie mir jedes Mal sagen, ist: »Wir wollen an einem bedeutenden Ort sein.« Egal, ob du Maler oder Bildhauer bist und du machst deine Sachen und wirst dann in einen neutralen Kasten gesteckt, dann ist das nicht so interessant. Wenn es aber in einem Museum gezeigt wird, das dem Rathaus ebenbürtig ist, der Bücherei, dem Regierungsgebäude oder der Bank, dann ist das ein bedeutender Ort. Und genau danach fragen sie als erstes. Als erstes fragen Sie danach! Ich erhalte viele Briefe zum Thema Bilbao, zum Beispiel, dass die Leute das mögen, denn sie können ihrer Mutter sagen, dass sie in Bilbao waren, wo diese Gemälde sind, und Mama sagt: BOOH! Das ist wie mit dem Louvre, weißt du, wenn du sagst, du warst im Louvre, dann ist das eine großartige Sache.

JAN HOET Yes, that's right. Nevertheless there is nothing that can be compared to your work. Because the church for instance has got these usual parameters we all know.

FRANK GEHRY Thank God...

JAN HOET A church has got these parameters we know, a house has got these parameters we know. Everybody is born into a house. Each house has got the same construction: there is a corridor, there is a room where you eat, a kitchen, and a sleeping room. You just know these parameters: the parameters of a house, the parameters of a church... But the parameters of a building by Gehry you don't know! And that's... incredibly fantastic.

FRANK GEHRY That's a good thing!

JAN HOET Voilà, that's a good thing! Because it makes you curious: it's questioning yourself... questioning your identity, questioning your position in life.

FRANK GEHRY Jan, I have many artist friends... people you and I have known for years.

JAN HOET Yes! Serra, Oldenburg...

FRANK GEHRY For years many of them have been telling me that they don't like the museums that are built, and I ask them what they like. First thing they always say to me is: "We want to be in an important place." No matter if you are a painter or sculptor and you make your stuff and it's put in a neutral box, it's not so interesting. If it's put in a museum that is on a par with the city hall, the library, the government offices, the bank, then it's important. And that's what they ask number one, number one they always ask that! And I receive many letters about Bilbao that people like that because then they can tell their mother that they have been in Bilbao where there's paintings, and Mama says: WHOW! So it's like the Louvre, you know, if you say you have been to the Louvre that's a big point.

Ich glaube, dass dieses Gebäude hier wie eine Ikone wirkt. Es hat eine Beziehung zum Gemeinwesen, und wenn man in fünfzig Jahren hierher kommt, und man Herford nicht kennt, sich mit Kunst nicht auskennt und weder Jan Hoet noch Frank Gehry kennt, dann wird man fragen: Was ist denn das?! Dann werden die Leute sagen: Das ist ein Kunstmuseum. Und man wird feststellen: Meine Güte, diese Kultur hat der Kunst einen Ort gegeben und hat sie dadurch bedeutend gemacht! Das ist die Botschaft. Ich denke, genau das ist wichtig. Und die Galerien, alle Galerien, alle Räume prägen die Art und Weise, in der man die Kunst würdigt. Es gibt da einen Zusammenhang, nicht wahr?

Vor vielen Jahren war ich im Kunsthistorischen (Museum in Wien). Ich erzähle diese Geschichte immer wieder. Ich habe mir im Kunsthistorischen die Gemälde von Brueghel angesehen. Es gab vier Gemälde. Jan, Du kennst die vier Gemälde; sie befanden sich in einer Galerie für das 19. Jahrhundert. Ich ging im Raum umher und betrachtete die Gemälde. Ich bekam richtig weiche Knie, das war so gewaltig! Ich habe das nie vergessen. Drei Jahre später kam ich wieder und bat den Kurator, mir diese vier Brueghels zu zeigen. Er sagte: »Tja, die Galerien werden gerade neu gestaltet und jetzt befinden sie sich in einem anderen Raum.« Sie waren dann in einem Raum mit 3m Deckenhöhe und dort in einer kleinen Box. Und ich betrachtete die Brueghels: Sie wirkten sehr klein. Ich war so enttäuscht! Nun, 30 Minuten später, nicht wahr, hat man den Zusammenhang begriffen, und man schaut die Gemälde an und denkt, es ist wieder okay. Ich denke, man sieht die Sache immer im Zusammenhang und an seinem Ort. Und was ich im Laufe der Jahre gelernt habe, ist dies: Diese neutrale, sehr neutrale Umgebung ist für viele Kunstwerke eine Zumutung, auch wenn es so gar nicht gedacht ist. Die Leute denken, wenn der Raum neutral gestaltet ist und man bringt die Kunst darin unter, dann ist die Kunst das Wichtigste, und die Architektur muss sich dem unterordnen. Das ist nicht wahr. Diese neutralen, perfekt hellen Räume schaffen eine Art Podest für das Kunstwerk. Arte Povera hält das nicht aus, Rothko schon. Aber das ist unterschiedlich. Und das Eigentümliche ist, dass Kunst im Atelier des Künstlers immer besser wirkt, oder?

Nun zu den Räumen hier: Der große Bereich im Zentrum wurde für

I think that this building has an iconic presence. It has a relationship to the community, and if you come here fifty years from now and you don't know Herford and you don't know art and you don't know Jan Hoet, you don't know Frank Gehry and you say: What's that?! And they say that's an art museum, and people will realize: Oh my goodness this culture placed art and made it important! That's the message. I think that's important. And the galleries, all galleries, all rooms impact the way you appreciate art. It's a context, right?

Many years ago I went to the Kunsthistorisches (museum in Vienna). I tell this story all the time. I saw the paintings of Breughel at the Kunsthistorisches. There was four paintings. Jan, you know the four paintings, and they were in a nineteenth-century gallery. I walked in the room and saw the paintings. My knees went out, it was so powerful! I've never forgotten. I went back three years later. I asked the curator to show me those four Brueghels. He said: "Well, they are remodelling the galleries and now they are in another room", and they were in a room with a 3-meter ceiling and in a little box. And I saw the Brueghels, and they looked very small. I was so disappointed! Now, 30 minutes later, you know, you overcome the context and you see the paintings and it's okay again. I think you do see stuff in a context and in a place. And what I have learnt over the years is: These neutral, very neutral contexts for a lot of art is an imposition... though it is not considered to be an imposition. People think if you make the room neutral, you put the art in, the art is most important, the architecture is subservient to the art... That's not true. These neutral rooms, they are perfectly light and they create a pedestal in a sense for the art. Arte povera cannot stand it, Rothko can. But it varies. And the consistent thing for art is that it always looks better in the artists' studio, right?

die Art von Ausstellungen geplant, wie Du sie machst. Er war immer als eine Galerie für Wechselausstellungen gedacht. Wir haben ihn so groß gestaltet, dass große Skulpturen Platz darin finden können. Wir dachten... Du kennst doch das große Bild mit dem Apfel, das sich in dem Magritte-Saal befindet. Das ist ein echt starkes Bild, und wenn Du das in diesem Raum zeigen könntest, wäre das fantastisch!

JAN HOET Ja, das ist wahr. Ich glaube ich weiß, was Du meinst. Ein neutrales Museum mit vier Wänden und Lichteinfall von oben ist sozusagen ein Kubus, die Idee der fünfziger und sechziger Jahre: »The White Cube«. Wenn man als Besucher in so ein Museum kommt, nimmt man eine »buchstäbliche« Haltung gegenüber dem Kunstwerk ein. Geradezu buchstäblich. Vom Betrachter zum Kunstwerk und vom Kunstwerk zum Betrachter. In einem Haus, auf der Straße und in einem von Gehry geplanten Gebäude ist die Haltung in Bezug auf das Kunstwerk komplexer. Da ist nicht nur das Kunstwerk, sondern da sind auch die Umgebung und der Besucher selbst. Und das ist komplexer, weil es dich immer in Bewegung versetzt. Das macht es interessant, finde ich. Manchmal benötigt man diese buchstäbliche Betrachtungsweise, so wie einem Buch gegenüber, das man gerade liest. Aber manchmal muss man aufgewühlt, bewegt, herausgefordert werden, um eine Position einzunehmen und nicht von der Position des Kunstwerks abhängig zu sein. Und das ist interessant. Wir haben das heute während der Performances[1] gesehen. Ich habe die Leute beobachtet. Ich interessiere mich nicht nur für die Kunstwerke, denn ich bin ein Ausstellungsmacher.

FRANK GEHRY Du bist ein Voyeur!

Now these spaces, the big space in the middle was made for the kind of exhibitions you are going to do. It was always considered a changing gallery. We made it big enough so they could bring in big sculpture. We thought... you know that picture of the apple in the room with Magritte. It's a really powerful image, and if you could bring that into this room, it would be fantastic.

JAN HOET Yes, that's true. I think I understand what you mean. In a neutral museum with four walls and light from above that is to say the cube, the idea of the fifties and sixties: The White Cube. When you come as a visitor in that kind of museum, then you have a literal attitude towards the artwork. Very literal. From you to the artwork and from the artwork to you. In a house and in the street and in a building of Gehry there you have a more complex attitude towards the artwork. There is not only the artwork, but there is also the context and there is the visitor. And this is more complex, because it brings you always in a movement. That makes it interesting I think. Sometimes you need this literal position, in the way you are confronted with a book in which you are reading. But sometimes you need to be shuttled, you need to be moved, you need to be challenged, to take a position, not to be dependent on the position of the artwork. And that's interesting. We have seen it in the performances[1] today. I watched the people. I am not only interested in the artworks, because I am an exhibition maker.

---

[1] Zur Vernissage der Ausstellung »Bitte nehmen Sie Platz Herr Ensor« trat die Performance-Künstlerin Marina Abramovic mit ihren Schülerinnen und Schülern in den noch unfertigen Räumen des Museums auf.

[1] The opening of the exhibition "Bitte nehmen Sie Platz, Herr Ensor" (Please take a seat, Mr.Ensor) included a performance by performance artist Marina Abramovic and her students in the partially completed rooms of the museum.

JAN HOET Ich interessiere mich auch für die Art und Weise, wie die Leute sich umsehen, und für die Position des Besuchers. Und ich habe sie beobachtet: wie sie in das Museum hereinkamen, wie sie durch das Museum hindurchgingen, wie sie sich den Kunstwerken näherten. Sie gingen von links nach rechts, treppauf und treppab. Und sie haben sich umgeschaut. Sie haben wirklich versucht, die Architektur in ihrer Gesamtheit zu erfassen. Und das war fantastisch!

FRANK GEHRY Genau das habe ich von dir erwartet, nämlich die Idee, Kunst so zu arrangieren, dass der Raum mit einbezogen wird. Ich glaube, ob man Kunst nun mag oder nicht, was immer man darüber denkt, der Raum ist immer mit einbezogen. Der Einfall, das Gebäude im gegenwärtigen Bauzustand mit einzubeziehen, ist eine ganz starke Idee. Und dann die Gegenüberstellung mit dem Werk von Ensor... das hat mich aus den Socken gehauen! Bravo!

JAN HOET Ja, denn Ensor ist der erste Künstler, so würde ich sagen, der ein Beispiel für jemanden ist, der versucht, nicht so determiniert zu sein. Er ist einfach nicht so determiniert. Er ist zum Beispiel nicht so determiniert wie Präsident Bush von Amerika. Der ist ein sehr determinierter Mann. Ensor hatte auch Zweifel... ja, er hatte Zweifel. Und er war verletzbar. Genauso verletzbar wie wir es alle sind. Es ist so wichtig, hier zu Beginn Ensor zu zeigen. Und ich denke, dass wir in diesem Gebäude alle verletzbar sind.

FRANK GEHRY Aber Du hast den italienischen Bildhauer noch nicht erwähnt.

JAN HOET Luciano Fabro... ja, genau.

FRANK GEHRY Das Gedicht von Rilke auf der Straße ist sehr romantisch.

JAN HOET Ja, romantisch, aber auch ein Teil der Komplexität des Kosmos.

FRANK GEHRY You are a voyeur!

JAN HOET I am also interested in the way the people are looking round and the position of the visitor. And I watched them: how they came into the museum, how they walked through the museum, how they reached the artwork. They went from left to right, they went upwards and downwards. And they were looking round. They were really trying to get this architecture in its totality. And that was fantastic!

FRANK GEHRY Your idea to make a work of art that used the space is what I expected you to do. I think, whether you like the art or not, whatever you think of it, it still engaged the space. The issue of engaging the building at this stage in the construction is a very powerful idea. And then to juxtapose that with the work of Ensor... that knocked my socks off! Bravo!

JAN HOET Yes, because Ensor is the first artist, I should say, who is an example of somebody who is trying not to be so determined. He simply is not so determined. He is for example not as determined as President Bush of the United States. That's a very determined man. Ensor was also doubting... yes, he was doubting. And he was vulnerable. Exactly the same vulnerability that we all have. That's so important to have Ensor here to start. And I think also in this building we all are vulnerable.

FRANK GEHRY But you haven't mentioned the sculptor from Italy.

JAN HOET Luciano Fabro... yes, exactly.

FRANK GEHRY The poetry of Rilke on the street is very romantic.

Der Ball

*Du Runder, der das Warme aus zwei Händen
im Fliegen, oben, fortgiebt, sorglos wie
sein Eigenes; was in den Gegenständen
nicht bleiben kann, zu unbeschwert für sie,*

*zu wenig Ding und doch noch Ding genug,
um nicht aus allem draußen Aufgereihten
unsichtbar plötzlich in uns einzuleiten:
das glitt in dich, du zwischen Fall und Flug*

*noch Unentschlossener: der, wenn er steigt,
als hätte er ihn mit hinaufgehoben,
den Wurf entführt und freilässt –, und sich neigt
und einhält und den Spielenden von oben
auf einmal eine neue Stelle zeigt,
sie ordnend wie zu einer Tanzfigur,*

*um dann, erwartet und erwünscht von allen,
rasch, einfach, kunstlos, ganz Natur,
dem Becher hoher Hände zuzufallen.*

Rainer Maria Rilke, *31.7.1907, Paris*

FRANK GEHRY Viele Leute haben mir heute Fragen gestellt, wodurch mir klar geworden ist, dass sie noch nicht ganz verstehen. Wenn das Dach aus Stahl ist und reflektiert, verleiht das dem Gebäude eine gewisse Leichtigkeit. Und jetzt haben die Leute gefragt, warum haben Sie das Gebäude durch den Ziegelstein so schwer gemacht? Aber durch den Stahl wird der Blick verändert werden, und es wird viel leichter wirken. Es wird einen völlig anderen Charakter bekommen. Und dann ist die Wand mit dem MARTa-Schriftzug, dort wo man hereinkommt, noch nicht fertig, und es fehlt noch die Beleuchtung. Deshalb haben Sie bitte Geduld mit uns, ja? Aber vergessen Sie nicht, es geht letztendlich um ein Gebäude. Meine Architektur, wie soll ich sagen, funktioniert nur mit den Leuten, die es benutzen und die erst eine runde Sache daraus machen. Daher geben Sie dem Gebäude Zeit und nutzen Sie es, um sich damit vertraut zu machen. In zwei Jahren oder schon in einem wird das Gebäude ganz anders auf Sie wirken als am Anfang. Der Schock des Befremdlichen... Ich war darauf bedacht, dass die Formen und der Maßstab zur Stadt passen, und ich denke, Sie werden das später verstehen. Wenn es fertig ist, werden Sie mich verstehen! Aber bitte geben Sie dem Zeit, denn es braucht seine Zeit. Man ist geschockt. Selbst ich bin geschockt, wenn ich es sehe!

JAN HOET Und das Gebäude gibt uns zudem die Möglichkeit, unsere Bewunderung für die Leute auszudrücken, die an der Entstehung beteiligt sind. Das ist unglaublich!

FRANK GEHRY Es handelt sich um enorme Handwerkskunst!

JAN HOET Ja, die Handwerkskunst ist fantastisch.

FRANK GEHRY Da drüben sitzt mein Freund Hartwig Rullkötter. MARTa ist das Baby und er sein Vater. Er hatte es nicht leicht mit mir, wirklich nicht. Doch er leistet gute Arbeit!

JAN HOET Und er leistet fantastische Arbeit, muss ich sagen. Ich habe ihn jeden Tag gesehen. Ich sah Rullkötter jeden Tag, und jeden Tag sah er anders aus... Jeden Tag sah er anders aus!

The Ball

You round one, who take the warmth from two hands
and pass it on in flight, above, blithely
as if it were your own; what's too unburdened
to remain in objects, not thing enough

and yet sufficiently a thing so that
it doesn't slip from all the outer grids
and glide invisibly into our being:
it glided into you, you between fall and flight

still the undecided: who, when you rise,
as if you had drawn it up with you,
abduct and liberate the throw —, and bend
and pause and suddenly from above
show those playing a new place,
arranging them as for a dance's turn,

in order then, awaited and desired by all,
swift, simple, artless, completely nature,
to fall into the cup of upstretched hands.

Rainer Maria Rilke, *31.7.1907, Paris*
translated by Edward Snow
North Point Press, San Francisco, 1987

JAN HOET Yes, romantic, but also a part of the complexity of the cosmos.

FRANK GEHRY People asked me questions today that made me realize that they don't completely understand... When the roof is steel and it reflects, it will make the building lighter. Right now people have said why did you make it so heavy with brick? But when you see that steel, it will change the view and it will be much lighter. It will have a much more different character. And then the sign wall where you enter is not finished and there is no lighting yet. So please be patient with us, right? But remember that a building is a building finally. You know, my architecture it's... whatever, it only works in the end with the people that use it and make the whole thing out of it. So give the building time, so that you're all using it, so that you feel comfortable with it. And two years from now or one year from now your perception of the building will be much more different than it is at the beginning. The shock of something strange... I was careful to make the shapes and the scale of the pieces to fit into the scale of the city and I think eventually you'll understand that. When it's finished you will! But give it time, because it takes time. It's a shock. It's even a shock for me when I see it!

JAN HOET And the building gives us also the possibility to express our admiration for the people who are making it. That's unbelievable!

FRANK GEHRY The craftsmanship is enormous!

JAN HOET Yes, the craftsmanship is fantastic.

FRANK GEHRY My friend Hartwig Rullkötter is over there. MARTa has been the baby and he's been the father of it. And I've given him a hard time, I've really given him a hard time. But he's doing a good job!

JAN HOET And he is doing a fantastic job, I have to say. I saw him every day. I saw Rullkötter every day and every day he changed... every day he changed!

FRANK GEHRY Nun, ich denke, die Menschen müssen das hier annehmen, nicht wahr, es sich zueigen machen, und das dauert eine Weile... Wenn man hier so hereinkommt, gibt es da ein hübsches Café, wo man sogar am Fluss sitzen kann. Als ich das erste Mal hierher kam, fiel mir auf, dass die Leute hier den Fluss kaum nutzen. Es ist nicht gerade ein großer Fluss, aber ein hübscher, netter Fluss. Darum hatte ich die Idee mit dem Café und diesen Räumen. Zum Beispiel der Hof im Eingangsbereich: Meine Idee, mein Gedanke war, dass man dort draußen an einem schönen Abend sogar eine Konferenz abhalten könnte. Oder Musik machen etc.

Das Gebäude ist dazu gedacht, genutzt und sogar verändert zu werden, und ich weiß, dass Jan Hoet Dinge verändern wird. Er wird Wände herausreißen und Dinge bewegen und es auf eine Weise nutzen, wie es niemand von uns je erwartet hätte. Das ist seine Genialität. Es ist... Deine Genialität ist das!

JAN HOET Ja, weil ich neugierig bin, bin ich ständig auf der Suche nach etwas. Ich bin niemand, der immerzu Pläne macht.

FRANK GEHRY Genauso mache ich das! Ich plane nie. Hätte ich gewusst, dass das hier einmal so aussehen würde, hätte ich das nie gemacht!

CLAUDIA HERSTATT Es ist eine merkwürdige Sache: Wenn ich die Arbeitsweise von Ihnen beiden vergleiche, geht es immer wieder zurück zum Zeichnen. Sobald Sie beide eine Idee haben, fangen Sie gleich an zu zeichnen. Als ich Sie, Herr Gehry, heute beobachtete, wie sie den Leuten Ihre Arbeitsweise erklärten, begannen Sie sofort zu zeichnen. Als Jan Hoet die Documenta plante, machte auch er zuerst eine Zeichnung. Das heißt, irgendwie ist die Hand die direkte Verbindung zum Gehirn. Am Ende entstehen daraus dreidimensionale Dinge, wie zum Beispiel ein Gebäude oder eine Ausstellung.

FRANK GEHRY Well I think that the people have to take it over, you know, and make it their own and it takes a while... So when you come in here, there is a nice café where you can even sit at the river. Because, when I first came to the site I realized the public doesn't use the river very much. I mean it's not a big river, but it's a beautiful little river. So I thought to make this café and these rooms. For instance the entry court yard: my idea, my thought was on a nice evening you could even have a conference outside. You could have music etc.

It's a building to use and even to change I mean and I know Jan Hoet will change things. He will knock out walls and move things and use it in an unexpected way that any of us had ever considered that it would be used, which is his genius. It is... your genius is that!

JAN HOET Yes, that's because of my curiosity for things I am always looking for things. I'm not always planning.

FRANK GEHRY That's how I do it. I never plan. If I knew it's gonna look like this, I would have never done it!

CLAUDIA HERSTATT It's a strange thing that when I compare your way of working it always goes back to drawing. Once you both have got an idea you start drawing immediately. When I watched you today, Mr. Gehry, how you explained your way of working to the people, you started drawing immediately. When Jan Hoet was planning the Documenta, he too, made a drawing first. That is, somehow the hand is the direct connection to the brain. Finally three-dimensional things develop thereof, as for instance a building or an exhibition.

FRANK GEHRY Für einen Architekten beginnt das hier oben deutet auf seinen Kopf. Das geht dann durch tausend Hände, die daraus etwas machen, und es ist, als wenn man... Überlegen Sie mal: Wie gelangt man von hier heil bis zum Ende, ohne den Geist des Ganzen zu verlieren? Viele Leute sind daran beteiligt, und ich habe einen sehr engen Partner, der das mit mir entwickelt, Edwin Chan. Da vorne ist er. Er arbeitet seit vielen Jahren mit mir zusammen und wir denken fast dasselbe. Das ist unheimlich! Wahrscheinlich will er das selbst nicht zugeben, aber... Also, wir skizzieren und zeichnen zusammen, wir machen unser Ding. Das ist ziemlich kompliziert. Aber wie rettet man das ursprüngliche Gefühl, das anfängliche Bild durch all das hindurch? Von den Prüfphasen bis zum fertigen Gebäude?

Bei einem Maler funktioniert die Kunst ja ganz direkt. Rembrandt zum Beispiel malte und man konnte dabei zuschauen. Das passierte sozusagen 1:1. Bei uns ist das ganz anders. Da gibt es die Baubehörde, die Politik, den Verkehr, den ganzen Zusammenhang, das Budget, die Technik... Es regnet, also muss man undichte Stellen vermeiden. Da gibt es existierende Gebäude, da gibt es einen Fluss, all diese Dinge, und genau das macht es so spannend. Mir bereiten die Menschen dabei das größte Vergnügen. Man trifft eine Menge interessanter Leute. Wir haben viel Spaß zusammen, wir trinken viel (wie man hier sieht), wir feiern viele Partys. Wir genießen den Prozess, wir genießen es zusammen zu sein. Ich denke, das ist ungefähr so: Man soll den Weg zur Party genauso genießen wie die Party selbst. Jemand sagte mir das vor langer Zeit, und seitdem versuche ich, danach zu leben... Und dazu noch, so wie in diesem Fall, die Freude und die Überraschung, diesen Burschen hier auftauchen zu sehen. Das übertraf meine kühnste Träume, und ich scherze nicht, wenn ich Ihnen sage, dass ich, als ich hörte, dass er hierher kommen würde, nur seufzte: »Ahhh!«

CLAUDIA HERSTATT Kannten Sie sich bereits vorher?

FRANK GEHRY & JAN HOET Ja!

FRANK GEHRY For an architect you have to realize that from this thing pointing at his head. Several thousand people touch it to make it and it's like if you... Just imagine: how do you get from this to the end intact without loosing the spirit of it? Many people are involved and I have a very close partner who develops this with me, Edwin Chan. He's over there. He's been with me for many years and we almost think the same. It's scary! He probably doesn't want to admit to that, but... So we sketch and draw together, we make stuff. That's very complicated. But through all that how do you get this feeling and image through from the very beginning of thoughts... from the proof process until the building in the end?

Because art of a painter is very direct. Rembrandt for instance did paint and you could just see it and it was 1:1. And for us it's very different: there is the building department, there is politics, there is the traffic, the context, the budget, the engineering... It rains, so you've got to keep the leaks out. There is existing buildings, there is a river, all these things, and that's what makes it so exciting. And for me the most fun is the people. You meet a lot of interesting people. We have a lot of fun, we drink a lot (as you see here), we have a lot of parties. We enjoy the process, we enjoy being with each other, and I think, you know, it's like: You've got to enjoy the trip to the party as much as the party. Somebody told me that long time ago and I try to live that way... And then having in this case the pleasure and surprise of this guy appearing, this would be beyond my wildest dreams, and I tell you I'm not kidding, when I heard he was coming here, I went... Ahhh!

CLAUDIA HERSTATT Have you already known each other before?

FRANK GEHRY & JAN HOET Yes!

JAN HOET Ja, seit 1981. Seit 1981! 1981 besuchte ich sein Studio in den USA.

FRANK GEHRY Dieser Mann ist einer der wichtigsten lebenden Kunstexperten der Welt. Keine Ahnung, wie Sie den hierher bekommen haben. Doch, gottlob, Sie haben es geschafft!

JAN HOET Ich war in Gent und war dort erfolgreich. Auch politisch, und die Politiker in Gent waren auf meiner Seite. Allerdings gab es einen langen Kampf, der einige Jahre gedauert hat, aber dann entschieden sich die Politiker einstimmig für das Museum. Und das Erste, was ich sagte, war: Ich hätte gerne Frank Gehry! Das war mein Wunsch in Gent.

CLAUDIA HERSTATT Ist das wahr?

FRANK GEHRY Ich weiß es nicht. Er hat mich nie angerufen, nie...

JAN HOET Das ist absolut wahr! Ich wollte Gehry als Architekt für das Museum in Gent. Doch dann sagten sie: »Aber Jan, bitte, das ist hoffnungslos! Das ist unmöglich!«

CLAUDIA HERSTATT Weil er zu berühmt war oder warum?

JAN HOET Nein, weil er zu teuer ist. Zu teuer! Und ich fragte: »Wie viel stellen Sie für das Museum zur Verfügung?« Und sie sagten: »Wir haben hier in Gent nicht so viel.« Stellen Sie sich das vor: das in einer Stadt mit 230 000 Menschen, einer Universitätsstadt, einer Stadt mit Geschichte, einer Stadt mit den schönsten Kirchen der Welt, mit so vielen Meisterwerken der Kunstgeschichte... Und sie sagten zu mir: »Wir haben nur 7 Millionen Euro.« 7 Millionen Euro! Ich sagte: »Entschuldigung, aber mit 7 Millionen Euro kann ich nicht zum Architekten Frank Gehry gehen!« Ich bitte die Künstler immer, mir ihre Kunstwerke für das Museum möglichst günstig zu überlassen, und hier musste ich sagen: „Nein, ich kann nicht zum Architekten Frank Gehry gehen, das ist unmöglich!" Denn da ist nicht allein der Architekt, sondern da sind auch die Handwerker, das Material, usw. usw. Also sagte ich: »Entschuldigung, aber das ist unmöglich!«

Ein Jahr später erhielt ich einen Anruf von dem früheren Bürger-

JAN HOET Yes, since 1981. Since 1981! In 1981 I visited his studio in the USA.

FRANK GEHRY This is one of the most important art persons in the world alive today. How you got him, I haven't a clue, but thank God you have!

JAN HOET I was in Ghent and I succeeded in Ghent. Also politically I succeeded, and the politicians were on my side in Gent, although it was a long fight taking some years, but then the politicians unanimously decided to get the museum. And the first thing I said was: I would like to have Frank Gehry! That was my wish in Ghent.

CLAUDIA HERSTATT Is that true?

FRANK GEHRY I don't know. He never called me, never...

JAN HOET That's absolutely true! I wished Gehry as the architect for the museum in Ghent. And then they said: "But Jan, please, that's hopeless, that's not possible!"

CLAUDIA HERSTATT Because he was too famous or why?

JAN HOET No, because he is too expensive. Too expensive! And I asked: "How much you will make available for the museum?" And they said: "We don't have more in Gent." And just imagine: in a city with 230.000 people living there, a city with an university, a city with history, a city with the most beautiful churches in the world, with so many chefs d'œuvres, so many masterpieces in the history of art... and they told me: "We only have 7 millions of Euro." 7 millions of Euro! I said: "Sorry but with 7 millions of Euro I can't go to Frank Gehry!" I always ask the artists to give me their artworks for the museum in a very cheap way and here I had to say: "No, I cannot go to the architect Frank Gehry. That is impossible!" Because here it's not only the architect, but it's also the craftsmen, the material and so on and so on. So I said: "Sorry, but this is impossible!"

meister dieser Stadt, Thomas Gabriel. Er sprach deutsch mit mir und sagte, dass er aus Herford anrufe. Da dachte ich: Herford... das ist doch in Schottland. Ich sprach also mit dem Bürgermeister dieser Stadt und sagte: »Herr Bürgermeister, Sie können ruhig englisch sprechen!« – weil ich doch dachte, er rufe aus Schottland an, und ich wunderte mich, warum dieser Mann deutsch sprach, obwohl er meiner Meinung nach ein Engländer war. Da sagte er: »Ich bin kein Engländer, ich bin Deutscher.« – »Ach«, sagte ich, »Sie sind in Deutschland, und wo bitte befindet sich dieses Herford?« Und auf diese Weise erfuhr ich es. Und dann arbeitete ich, und ein Jahr später sagten sie mit einem Mal: »Wir werden ein Gebäude zusammen mit Frank Gehry bauen!« Da sagte ich: »Das ist doch nicht möglich!« Mein Traum wurde wahr. Das ist es!

FRANK GEHRY Wurde das Museum in Gent gebaut?

JAN HOET Es wurde dort gebaut, aber es handelte sich um modernes Design, gewissermaßen um die Renovierung eines bestehenden Gebäudes.

FRANK GEHRY lachend So etwas mache ich auch!

JAN HOET Aber sie hatten Angst dort, ich muss das einfach so sagen. Sie hatten wirklich Angst, und in Herford hatten die Leute keine Angst! Und es gibt immer noch Menschen in Herford, die nicht daran glauben, können Sie sich das vorstellen? Das ist nicht möglich... nicht möglich! Bitte!

FRANK GEHRY Tatsächlich? Heben Sie Ihre Hand, wenn Sie nicht daran glauben... Ich würde sagen, das hier ist Ihr Gebäude. Sie können es nutzen und es genießen, und er ist imstande, unglaubliche Kunst hierher zu holen, stimmt's?

JAN HOET Absolut wahr!

One year later I received a telephone call from the former mayor of this city, Thomas Gabriel. He spoke to me in German and told me that he was calling from the city of Herford. And I thought: Herford... that is in Scotland. So I spoke to the mayor of this city and said: "Mr. Mayor, you may speak English!" - because I thought he was calling from Scotland and wondered why this man was talking German, although I thought he was an Englishman. Then he said: "I'm not an Englishman, I am a German." – "Oh", I said, "You are in Germany and where is that Herford, please?" And so I learnt it. And then I worked and it was one year later when they said from now: "We are going to make a building together with Frank Gehry!" Then I said: "But that's impossible!" My dream came true. That's the thing!

FRANK GEHRY Did they build the museum in Ghent?

JAN HOET It was built there, but it was modern design, so to speak a renovation of an existing building.

FRANK GEHRY I do that too!

JAN HOET But they were afraid, I have to say that. They were really afraid, but in Herford the people were not afraid! And still we have people in Herford who don't believe in it, can you imagine? That's not possible... not possible! Please!

FRANK GEHRY Really? Put up your hand, if you don't believe in it... I would say that's your building. You can use it and enjoy it and he'll be able to bring some incredible art here, right?

JAN HOET Absolutely true!

FRANK GEHRY Wenn er allein meine Freunde bringen würde, kämen sie sofort, aber ich denke, in Bezug auf Ausstellungen wird es keine Probleme geben. Wissen Sie, in allen Museen der Welt werden nur zehn Prozent der Sammlungen gezeigt. Wenn man die Accademia in Venedig besucht und hinten in das Lager kommt, dann findet man dort Tizian, Tintorello... zahlreiche Gemälde, die einfach so an der Wand lehnen. Das ist unglaublich. Du könntest zehn Gemälde ausleihen, und es würde alle aus den Socken hauen. Jedes Museum bietet diese Art Möglichkeit. Krens hat so etwas in New York mit dem Guggenheim-Museum gemacht. Das war seine Idee. Es gibt so viel Kunst, und ich denke, mit einem Museum, ein Ort so wie diesem hier, ist man in der Lage, einige dieser Sammlungen zu bekommen. So bist Du ja offensichtlich auch bei Ensor vorgegangen. Wo kommen die Sachen eigentlich her, aus welchem Museum?

JAN HOET Aus vier Museen: Hamburg, Oostende, Gent, Antwerpen und dann aus privaten Sammlungen. Die Idee, eine Ausstellung der Ensor-Werke zu machen, war zunächst entstanden, als wir für die Ausstellung »(my private) Heroes« anlässlich der offiziellen Eröffnung des Museums eines der Gemälde zeigen wollten. Es handelt sich um das Selbstbildnis von James Ensor. Das Problem ist jedoch, dass dieses Werk direkt von hier zu einer großen Ausstellung von Ensor in Japan geht und danach zurück, zum Städel-Museum in Frankfurt. Das ist der Grund dafür, dass es zur offiziellen Eröffnung nicht mehr verfügbar sein wird. Jan Hoet wechselt ins Deutsche. Und weil ich das Glück hatte, das Gemälde von Ensor zu bekommen, das Selbstbildnis von Ensor, ich es aber im April oder Mai nicht mehr zur Verfügung haben werde, haben wir beschlossen, jetzt eine Ausstellung mit Ensor zu machen, denn ich wollte dieses Porträt den Menschen in Herford nicht vorenthalten. Und dann haben die Gegner, die Gegner, die mich noch nicht kennen, gefragt: Wie ist das möglich, eine Ausstellung in zwei Monaten zu machen? Wie ist das möglich?? Ach... ich kann noch leicht drei Ausstellungen zusätzlich machen! Ich verfüge über ausreichend Esprit, Wissen, Energie und Geschichte, um in kurzer Zeit eine Ausstellung auf die Beine zu stellen.

FRANK GEHRY If only he can bring my friends, they'll come, but I think it isn't any problem with getting shows. You realize that in every museum in the world only ten percent of the collection is shown. So if you go to the Accademia in Venice and you go behind to the storage room, you will find Titzian, Tintorello... many paintings and they are leaning against the wall like this. That's incredible. You could borrow ten paintings, and it would knock their socks off. And every museum has that kind of possibility. That is something that Krens did in New York with the Guggenheim. That was his idea. Because there is so much art, and I think for a museum that is a space like this it's possible to attract some of those collections. You obviously did it with Ensor. Where does that stuff come from? Which museum?

JAN HOET From four museums: Hamburg, Oostende, Ghent, Antwerp, and then from private collections. The idea to make the exhibition of Ensor was started with the fact that for "(my private) Heroes", the exhibition of the opening of the museum, we wanted to show one of the paintings. It's the self portrait of James Ensor. But the problem is that this work will directly go to a big exhibition of Ensor in Japan after this exhibition here and then back to the Städel Museum in Frankfurt. That is the reason, because on the official opening it will not be available any more. Jan Hoet changes into German. And as I was so lucky to get the painting of Ensor – the self portrait of Ensor – which I however will not have here anymore in April or May, we took the decision to make an exhibition with Ensor right now, because I did not want the people in Herford to miss that portrait. And then those adversaries, those adversaries who do not know me yet, they asked: How is it possible to make an exhibition in two months' time? How is that possible?? Oh... Could even make three additional exhibitions without any problems! I have enough spirit, know-how, energy and history to make an exhibition within a short period of time.

FRANK GEHRY Okay, I'll come...

JAN HOET Andy Warhol, Bruce Nauman, Gerhard Richter, Joseph Beuys etc., so many interesting artists from the nineteenth century until now. They are part of those people who have the idea of the »hero« in their artworks, in their questions. Then in one room I'm also going to make a »Wunderkammer« with everything which can be my proper »private hero«. With sketches, with photos, with letters, with postcards, with real paintings, with drawings, with video, monitor, and so on and so on. And the other rooms: very clean, exact. A subject-related-proposition of the "Hero of the Art".

FRANK GEHRY Well, you know, the nice thing about Jan is that he is very open to a lot of art. So he is not a judgmental person and he will include artists from this region I'm sure over time, which is very important, I think, for young artists, to see their work in the context of the "Hero." And I think not many people involved with showing art are willing to do that. They become very elitist. But Jan is very open. Many years ago I think he even put me in a show! Way back... So he is always looking for people and actually encouraging German artists, young German artists who live in this region, to show their work here and not to hide themselves.

FRANK GEHRY Okay, ich werde kommen...

JAN HOET Andy Warhol, Bruce Nauman, Gerhard Richter, Joseph Beuys etc., alles interessante Künstler vom 19. Jahrhundert bis heute. Sie zählen zu den Menschen, bei denen die Idee des »Helden« in ihren Kunstwerken, in ihren Fragen steckt. Dann werde ich hier in einem Raum auch eine »Wunderkammer« einrichten, mit all dem, was für mich ganz persönlich ein »Held« sein kann. Mit Skizzen, mit Fotos, mit Briefen, mit Postkarten, mit echten Gemälden, mit Zeichnungen, mit Videos, Monitor usw. usw. Und die anderen Räume: sehr klar, präzise. Ein themenzentrierter Vorschlag zum Thema »Helden der Kunst«.

FRANK GEHRY Nun ja, das Schöne an Jan ist, dass er für die verschiedensten Arten von Kunst sehr offen ist. Er ist nicht voreingenommen und wird Künstler aus dieser Region im Laufe der Zeit mit einbeziehen, da bin ich mir sicher. Ich denke, es ist sehr wichtig für junge Künstler, ihre Kunstwerke im Zusammenhang mit dem »Helden« wiederzufinden. Und ich glaube, dass nicht viele Menschen, die Kunst zeigen, dazu bereit sind, so etwas zu tun. Sie werden sehr elitär. Aber Jan ist sehr offen. Ich glaube, vor einigen Jahren hat er sogar mich ausgestellt! Zurück zum Thema: Er ist ständig auf der Suche nach Leuten und ermutigt in der Tat deutsche Künstler, junge deutsche Künstler, die in dieser Region leben, ihre Werke hier auszustellen und sich nicht zu verstecken.

JAN HOET Ja, ich denke, die Architektur von Gehry ist das beste Beispiel, um uns neue Impulse zu verleihen und uns dazu anzuregen, nach neuen Ideen zu suchen. Und ich glaube, gerade das ist interessant. Wenn wir an die heimische Möbelindustrie denken: Diese benötigt dringend neue Impulse. Sie braucht auch unbedingt den Raum, herausgefordert zu werden, um neue Ideen für ihr Design zu finden und sich darüber auseinander zu setzen. Das ist unbedingt notwendig, meine ich.

Ich habe kürzlich mit dem Geschäftsführer von Braun gesprochen. Sie wissen schon: »Braun Rasiermaschinen« im Original auf Deutsch. Diese Leute haben schon in den fünfziger Jahren mit der Design-Idee angefangen. Bereits 1957 gab es das erste Produkt von Braun auf dem Markt, das tatsächlich für das Phänomen Design stand. Und jeder war schockiert. Sie mussten eine Menge Kritik einstecken, weil sie sich mit etwas so ungewöhnlichem wie Design beschäftigten. Trotzdem machten sie weiter. Vorgestern sagte mir der Geschäftsführer von Braun, als ich ihn in Lemgo traf: »Weil wir nicht aufgehört haben, daran zu glauben, konnten wir überleben.« Nur so kann man überleben! Wir müssen auf junge Leute setzen, denn junge Leute sind offen für Veränderungen. Dies ist das Phänomen in der Kunst. Kunst ist Veränderung selbst. Und wir müssen uns bewegen... wir müssen uns bewegen! Wir dürfen nicht auf der Stelle treten, darum geht es, und ich bin sicher, Sie werden das merken. Die Ensor-Ausstellung – ich habe sie mit Möbeln konfrontiert. Ist das nicht neu und faszinierend: die Kunst in dieser Ausstellung auf ein normales Level bringen, das normale Level des täglichen Lebens. Denn der Stuhl ist etwas, womit wir uns identifizieren können: als etwas Normalem. Ein Stuhl ist etwas Normales, weil er die Form eines Körpers hat. Das sind wir, das ist der Spiegel des Menschen. Und indem wir das mit Kunst in Zusammenhang bringen, kommt die Kunst auf ein normales Level. Und genau das versuchen wir auch mit diesem Museum zu erreichen. Und nun möchten wir gern hören, was die Leute dazu sagen. Bitte den Kommentar der Leute!

JAN HOET Yes, I think it's the best example, the architecture of Gehry, also to give us new impulses and to encourage us to look for new ideas. And I think exactly this is interesting. When we think of the furniture industry in the region here: they absolutely need to get new impulses and they absolutely need space to be challenged to find new ideas for their design and to put design on their discourse. That's absolutely necessary, I think.

Very recently I spoke to the director of Braun. You know: "Braun Rasiermaschinen" i.e. shavers produced by Braun – in German in the original version. They started in the fifties with the idea of design. Already in 1957 the very first product of Brown was launched in the market that actually stood for the phenomenon of design. And everybody was shocked. They got a lot of criticism, because they did something that was as unusual as it was design. Nevertheless they continued. The day before yesterday, when I met him in Lemgo, the director of Braun told me: "Because we really continued to believe in it, we survived!" And that's the only reason to survive. We have to count on young people, because young people are open for changes. That's the phenomenon of art. Art is something which is the change itself. And we have to move... we have to move! We may not remain on the same position, that's the thing, and I'm sure you will see that. The Ensor-Ausstellung i.e. the Ensor exhibition, I have confronted it with furniture: isn't that new and fascinating: to bring the art in this exhibition to a normal level, the normal level of daily life. Because the chair is something with which we can identify ourselves: as something normal. A chair is something normal, as it has the shape of a body. It is us, it is the mirror of the people, and then the art with it brings the art to a normal level. And that's what we try to do with this museum, also. And now we would like to hear the comment of the people. The comment of the people, please!

DAME Ich würde gern Herrn O'Gehry eine Frage stellen.

FRANK GEHRY Gehry bitte. Ich bin kein Ire!

EINE DAME Okay, Herr Gehry. Wollten Sie schon immer Architekt werden oder gab es mal andere Pläne in Ihrem Leben? Herr Hoet, zum Beispiel, wollte ursprünglich mal Boxer werden. Wie war das bei Ihnen?

FRANK GEHRY Als ich ein Kind war, war mein Vater ein Boxer, deshalb wollte ich das nicht werden. Ich wusste erst gar nicht, was ich machen wollte, bis ich zufälligerweise an einem Kunstkurs für Keramik teilnahm. Der Keramiklehrer betrachtete meine Arbeit und meinte, das sei furchtbar. Doch er baute gerade ein Haus zusammen mit einem Architekten, und er nahm mich mit zu dem Haus, und irgendwie begannen meine Augen zu leuchten, als ich den Architekten und die ganze Konstruktion erblickte. So schrieb mich mein Lehrer bei einem Abendkurs für Architektur ein. Ich arbeitete als Fernfahrer in Kalifornien. Ich fuhr einen Lieferwagen. Also absolvierte ich ein Architekturstudium in Abendkursen. Ich glaube, ich war 21 Jahre alt, ich stand ziemlich unter Strom, was mir bis dahin gar nicht so bewusst gewesen war, und so habe ich einfach weiter gemacht...

JAN HOET Und ich war Boxer und boxe heute noch...

EIN HERR Herr Gehry, was war das größte Problem, mit dem Sie sich auseinandersetzen mussten?

EINE DAME Hier?

DERSELBE HERR Ja, hier!

FRANK GEHRY Hartwig... aber das war ein gutes Problem!

EIN ANDERER HERR Spielt Le Corbusier eine wichtige Rolle für Ihre Arbeit?

A LADY I would like to ask a question to Mr. O'Gehry.

FRANK GEHRY It's Gehry, I'm not Irish!

A LADY Okay, Mr. Gehry. Have you ever wished to become an architect or have there been other plans in your life? Mr. Hoet, for example, originally wanted to become a boxer. What was the case with you?

FRANK GEHRY When I was a child my father was a boxer, so I did not want to become that. First I didn't know what I wanted to be until by accident I took an art class in ceramics, and the ceramic teacher looked at my work and said it was terrible. But he was building a house with an architect and he took me to the house and somehow my eyes lit up, watching this architect and the whole construction. And he enrolled me in an architecture class at night. I was a truck driver in California. I was driving a delivery truck. And so I took a night class in architecture. I think I was 21 years old and it was electricity right away for me I didn't realize till then and then I just kept going...

JAN HOET And I was a boxer and I continue boxing...

A GENTLEMAN Mr. Gehry, what was the biggest problem you had to cope with?

FRANK GEHRY Here?

SAME GENTLEMAN Yes, here!

FRANK GEHRY Hartwig... but it was a good problem!

ANOTHER GENTLEMAN Does Le Corbusier play an important role in your work?

FRANK GEHRY Nun, ich bin ein großer Fan von Le Corbusier, so wie von allen »Helden« der Vergangenheit. Allerdings trat Le Corbusier erst spät in mein Leben ein. Ich meine, anfangs, als ich mit der Architektur anfing, verstand ich Le Corbusier nicht, bis ich einige Zeit in Europa verbrachte, wo mir alles klarer wurde. Mich beeindruckte, dass er Bilder malte. Auf diese Weise arbeitete er seine Architektur heraus. Allerdings sind seine Bilder nicht so gelungen. Jan würde diese Bilder niemals ausstellen!

JAN HOET Ja, doch, ja, ja... das war doch Ozenfant nicht wahr? Ja!

FRANK GEHRY Aber seine Gemälde sind interessant, weil es sich letztlich um architektonische Studien handelt.

JAN HOET Ja.

FRANK GEHRY Und wenn man Ronchamp anschaut, ich denke, da ist das höchste Niveau in dieser Art erreicht. Ich besuche Ronchamp mindestens einmal im Jahr. Ich begebe mich dorthin wie auf eine Pilgerfahrt, um diese Erfahrung zu machen.

CLAUDIA HERSTATT Herr Gehry pilgert also jedes Jahr zur Kapelle von Ronchamp, die eine gewisse Ähnlichkeit hat mit dem, was er macht – sozusagen eine Art Anregung für seine Gebäude, mit diesen nicht eben geraden...

JAN HOET ...Wänden!

FRANK GEHRY Well, I'm a great fan of Le Corbusier, as I am of all the »heroes« from the past. But Le Corbusier came to me late in life. I mean, when I first started architecture I didn't understand Le Corbusier, until I spent some time in Europe and then it became clearer. And what impressed me was he made paintings. That's how he worked out his architecture and the paintings are not that good. Jan would not show those paintings!

JAN HOET Yes indeed, yes, yes... that was Ozenfant, wasn't it? Yes!

FRANK GEHRY But his paintings are interesting, because they are architectural studies in the end.

JAN HOET Yes.

FRANK GEHRY And when you see Ronchamp, I think it's the highest level of that, and I go to Ronchamp at least once a year. I go to see it, as a pilgrimage, for the experience of it.

CLAUDIA HERSTATT So every year Mr. Gehry makes a pilgrimage to the chapel of Ronchamp, being quite similar to his work. So to speak a kind of inspiration for his buildings, with its non-straight...

JAN HOET ...walls!

Architektur ist ein dreidimensionales Objekt am Ende einer Skulptur – Frank Gehry

Architecture is a three dimensional object at the end of a sculpture – Frank Gehry

1.2

1.1

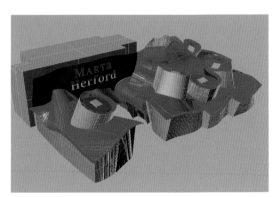

2

BIRGIT BASTIAAN/HARTWIG RULLKÖTTER Zwischen Skulptur und Konstruktion
Erfahrungen der ausführenden Architekten vor Ort

BIRGIT BASTIAAN/HARTWIG RULLKÖTTER Between Sculpture and Construction
Experiences of the locally acting executive architects

Frank Gehry ist einer der kühnsten und aufregendsten Architekten unserer Zeit. Mit diesem Mann zusammenzuarbeiten, stellt eine große Herausforderung dar, aber ein noch größeres Vergnügen. Unsere Aufgabe als ausführende Architekten ist es, Gehrys Architektursprache in die materielle Wirklichkeit zu übersetzen. Dabei gilt es immer wieder, Lösungen für ein Objekt zu finden, das erst allmählich und im Kontext einer ständig sich wandelnden Baustelle Gestalt annimmt.

Als wir mit Frank Gehry an die Realisierung von MARTa herangingen, war das für unsere Zusammenarbeit keine Premiere. Vielmehr ist dieser Museumsbau eines von mehreren Projekten, die wir gemeinsam verwirklicht haben. Angefangen hat es vor über zehn Jahren mit dem Energie-Forum-Innovation EFI für den Energieversorger EMR in Bad Oeynhausen.[1] Damals arbeiteten die Kollegen in Santa Monica noch nicht mit ihrem aus dem Flugzeugbau übertragenen Computerprogramm »CATIA«, das erstmals beim Guggenheim-Museum in Bilbao zum Einsatz kam.

In Bad Oeynhausen entwickelten wir den Bau noch direkt aus einem 1:50-Modell und manuell erzeugtem Planwerk, dessen Informationen wir konstruktiv umzusetzen hatten. Bei diesen Arbeiten zeigte sich bald, dass wir die gleiche Sprache sprechen. So entwickelte sich ein tiefes gegenseitiges Verständnis.

Das Modell im Maßstab 1:50, das buchstäblich in Einzelteile zerschnitten wurde, war die Grundlage der erstmals von uns genutzten CAD-gestützten Ausführungsplanung.[2] Das CAD-System gab uns die Möglichkeit, im zweidimensionalen Bereich die einzelnen Abschnitte und Bauteile zu analysieren und zu bearbeiten. Nach diesem Prozess konnten die Einzelteile wie ein Puzzle auf dem Computer wieder zusammengelegt werden.

Frank Gehry is one of the most daring and exciting architects of our time. Working with him represents a great challenge but an even greater pleasure. As executive architects it is our task to translate Gehry's architectural language into material reality. It is a task that repeatedly involves finding solutions for an object that only takes form gradually and in the context of a constantly changing building site

Working with Frank Gehry on MARTa was not the first time we had collaborated. This museum is in fact one of several projects we have worked on together. It all began over ten years ago with the Energie-Forum-Innovation EFI project for the electricity provider EMR in Bad Oeynhausen.[1] At that time our colleagues in Santa Monica were still not working with "CATIA," the computer program adopted from the aviation industry which was used for the first time on the Guggenheim Museum project in Bilbao.

In Bad Oeynhausen we developed the building directly from a 1:50 model and a manually produced plan which we had to realize in constructional terms. During this phase of the work it became clear that we spoke the same language and a deep and mutual understanding developed.

The model on the scale of 1:50, which was literally cut into individual pieces, was the basis of the implementation planning, for which we were the first to use CAD.[2] The CAD system enabled us to analyze and work on the individual sections and building components. Once this process was completed, the individual parts could be assembled on the computer like a puzzle.

---

[1] Bild 1.1: Energieforum Innovation Bad Oeynhausen, Fertigstellung August 1995; Ansicht Norden
Bild 1.2: Energieforum Innovation Bad Oeynhausen, Fertigstellung August 1995; Ansicht Haupteingang Süden
[2] CAD (Computer Aided Design) – Perspektive des 3D-Modelles der Außenflächen

[1] Ill. 1.1: Energieforum Innovation Bad Oeynhausen, completion August 1995; view from the North
Ill. 1.2: Energieforum Innovation Bad Oeynhausen, completion August 1995; view from Southern main entrance
[2] CAD: Perspective of the 3D model of the external surfaces

3.2

3.1

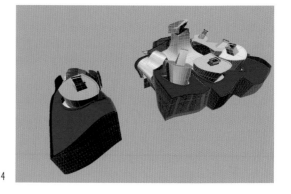

4

Das vom Büro Gehry aus dem Programm weiterentwickelte CATIA-Programm wird bei den aktuellen Projekten dazu verwendet, die endgültigen Flächen zu entwickeln. Dieses Mastermodell wird von uns in dem Programm Rhinoceros/R. McNeel & Associates weiter detailliert und konstruktiv umgesetzt.

Anders als die meisten Architekten arbeitet Gehry aus der Kubatur, nicht aus dem Grundriss. Er beginnt mit dem Entwurf einer »Bau-Skulptur«, mit dem Über- und Nebeneinander- Schichten von Elementen, die so aussehen wie Klötzchen. Erst danach werden die Fragen nach konstruktiven Details und nach den Materialien in Angriff genommen.

Wie nützlich hierbei die 3D-Computertechnologie sein kann, erfuhren wir erstmals bei der Arbeit am ÜSTRA-Tower in Hannover, einem zu Unrecht immer noch wenig bekannten Gehry-Objekt in der Nähe des Hauptbahnhofs. Für uns ist der so einfach wirkende, dabei jedoch hochkomplexe, leicht in sich gedrehte Turm mit seinen zehn Geschossen und seiner elegant schimmernden Oberfläche eines von Frank Gehrys gelungensten Objekten.[3]

Auch die gemeinsame Arbeit an MARTa begann damit, dass Gehrys Team aus seinem Entwurf ein Modell im Maßstab 1:50 entwickelte. Die Skulptur wurde anschließend gescannt und für die weitere Arbeit im Rechner aufbereitet.

The CATIA program developed by the Gehry office from the original CAD program is being used on current projects to model the final form of surface areas. This master model is then given further details and translated in constructional terms using the R. McNeel & Associates' Rhinoceros program.

In contrast to most architects Gehry works from the cubature rather than the ground plan. He begins with the design of a "building sculpture" which features elements stacked over and next to one another in the form of building blocks. Only then are the issues of construction and materials addressed.

Just how useful 3D computer technology can be in this process was something we experienced for the first time when working on the ÜSTRA-Tower located near the main railway station in Hanover, a Gehry project that deserves more recognition than it has yet been given. For us this apparently simple, yet highly complex, slightly rotated tower with its ten floors and elegantly shimmering surface is one of Frank Gehry's most successful projects.[3]

The collaborative work on MARTa also began with Gehry's team developing a model on a scale of 1:50 from his design. The sculpture was then scanned into the computer for further work.

Er beginnt mit dem Entwurf einer »Bau-Skulptur«, mit dem Über- und Nebeneinander- Schichten von Elementen, die so aussehen wie Klötzchen.
He begins with the design of a "building sculpture" which features elements stacked over and next to one another in the form of building blocks.

Solche Modelle sind für andere Architekten oft nur ein Instrument für die Veranschaulichung ihrer Ideen, oft auch nur ein Marketing-Instrument. Für uns dagegen bilden sie die Grundlage für den gesamten Entwurfsprozess.

Ausgangspunkt für die Realisierung von MARTa waren zwei im Computer abrufbare Modelle: eines für die äußere Skulptur und ein zweites für die innere Gestalt. Diese Trennung in Interior und Exterior Design ergibt sich zwingend aus Gehrys Arbeitsweise. Diese besteht darin, das Innere nicht unbedingt aus dem Äußeren heraus zu entwickeln.[4] Aus dem Zusammenfügen beider Flächemodelle ergibt sich ein Zwischenraum, in dem wir all das unterzubringen haben, was ein solches Gebäude funktionstüchtig macht.

For other architects such models are often only an instrument for the illustration of their ideas, and often only a marketing instrument. For us, however, they form the basis for the entire design process.

The point of departure for the realization of the MARTa project were two models that could be accessed on the computer: one for the external sculpture and a second for the internal form. This division between interior and exterior derives from Gehry's way of working, whereby the interior does not necessarily develop out of the exterior.[4] Fitting the models of exterior and interior surfaces together produces an intermediate space in which we locate everything that makes such a building able to function efficiently.

---

[3] Bild 3.1: Gehry Tower Hannover, Fertigstellung 2001; Ansicht vom Steintorplatz
Bild 3.2: Gehry Tower Hannover, Fertigstellung 2001; Fassadendetail
[4] Bild 6: Perspektive des 3D-Modelles der Innenflächen

[3] Ill. 3.1: Gehry Tower Hanover, completion 2001; view from the Steintorplatz
Ill. 3.2: Gehry Tower Hanover, completion 2001; detail of façade
[4] Ill. 6: Perspective of the 3D model of the internal surfaces

Der Entwurf von Gehry gliedert sich in drei Hauptkörper, die sich um das Bestandsgebäude gruppieren. In letzterem, einem ehemaligen Fabrikationsgebäude des Textilherstellers Ahlers, sind jetzt die öffentlichen und halböffentlichen Funktionen untergebracht, wie Lobby, Ausstellungsbereiche sowie Verwaltungs-, Labor- und Technikeinheiten.

Die Neubaukörper orientieren sich um das Bestandsgebäude, sie werden als Ausstellungs-/Veranstaltungsbereich, Galerien sowie als Cafeteria genutzt. In ihrer skulpturalen Darstellung untergliedern sich die Körper in vier Schichten. Die Grundfläche wird durch die unteren, massiven Klinkerwände umschlossen. Darauf bauen die unteren Dachflächen mit ihrer schimmernden Edelstahlfläche auf. Diese Basisstruktur wird durch die Skylights durchbrochen, die sich blütenartig in die Höhe entfalten und die Materialität der Basiswände aufnehmen. Die Skylightdächer bilden den fließenden Übergang zum komplexen, domartigen Finale, das mit seinen glänzenden Edelstahlflächen alles überstrahlt.[5]

Dabei ist es von den im 3D-Modell niedergelegten Ideen (die Amerikaner sprechen von einem »Frozen Model«, einem gefrorenen Modell) bis zur handwerklichen Umsetzung auf der Baustelle ein weiter Weg.

Versucht man, die beschriebenen Schichten des Gebäudes konstruktiv zu fassen, so ergibt sich ein massiver Unterbau, aus dem sich eine Stahlkonstruktion in den oberen Bereichen entwickelt.[6] Die Wände der unteren Ebene wurden durch Gehry als ein Modell einfach gekrümmter Flächen konzipiert. Daraus entwickelten wir im direkten Offset die konstruktive Betonfläche. Die komplexen Formen wurden in zweidimensionale Konstruktionszeichnungen umgesetzt, aus denen dann die Grundlage für die Arbeit der Handwerker entwickelt wurde.

Die Konstruktionen im Rechner wurden während der Bauphase immer wieder mit den Ursprungskoordinaten des »Master-Modells« verglichen. Bedingt durch konstruktive Erfordernisse, Installationsarbeiten und funktionelle Anforderungen ergaben sich dabei fortlaufende Weiterentwicklungen und Detaillierungen der Flächen.

Gehry's design divides into three main bodies that are grouped around the existing building. The latter, a former factory of the textile manufacturer Ahlers, is now used for public and semi-public functional spaces, such as the lobby, exhibition spaces and administration, laboratory and technical units.

The new structures are orientated around the existing building and are used as an exhibition/event area, galleries and a cafeteria.[6] Their sculptural character subdivides these bodies into four layers. The floor area is surrounding by the lower, heavy brick walls, which support the lower roofs with their shimmering stainless steel surface. This basic structure is perforated by skylights, which unfold upwards like flowers and take up the materiality of the base walls. The skylight roofs form a flowing transition to the complex cathedral-like finale, which outshines everything else with its gleaming stainless steel surfaces.[5]

The journey from the ideas represented in the 3D model (or frozen model as the Americans call it) to the point of the concrete translation of these ideas on the building site is a long one.

If one attempts to describe the levels of the building in constructional terms, one could say that it consists of a heavy substructure out of which a steel structure develops in the upper sections.[6] The walls of the lower levels were conceived by Gehry in terms of a model of simply curved surfaces. From this we developed the constructional concrete surfaces in direct offset. The complex forms were translated into two-dimensional design drawings from which the basis for the building work was developed.

During the building phase the constructions on the computer were repeatedly compared with the original co-ordinates of the "master model." Constructional requirements, building-installation work and functional demands meant that surfaces were continually developed and details added.

---

[5] Bild 5.1: Modellfoto; Ansicht Westen
     Bild 5.2: Modellfoto; Ansicht Innenhof
[6] Bild 6.1: Perspektive des 3D-Modelles der Stahlbetonflächen und der Haustechnik
     Bild 6.2: Perspektive des 3D-Modelles der Stahlbetonflächen und der Stahlkonstruktion

[5] Ill. 5.1: Photo of model; view from the West
     Ill. 5.2: Photo of model; view of courtyard
[6] Ill. 6.1: Perspective of the 3D model of the ferroconcrete areas and the technical equipment
     Ill. 6.2: Perspective of the 3D model of the ferroconcrete areas and the steel construction

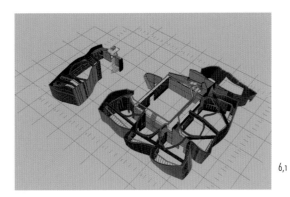

6,1

5.1

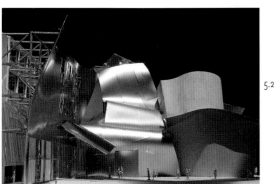

5.2

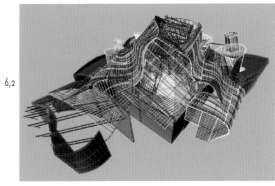

6,2

7

Dies war ein gewollter und notwendiger Teil des kreativen Prozesses. Auf diese Weise zeigte sich, wie weit wir in der Realisierung der skulpturalen Ideen jeweils gehen konnten. Jede vom Computer ermittelte Kollision zwischen zwei Elementen machte eine neue Entscheidung notwendig, die wir in enger Abstimmung mit den Amerikanern zu treffen hatten. Im Verlauf dieses Prozesses entstand das Gebäude gewissermaßen noch einmal neu.

Die Dachkonstruktion wurde in ähnlicher Weise wie die Wände der untersten Ebene aus dem 3D-Modell heraus entwickelt: bei den unteren Dächern als Stahlbetonkonstruktion, bei den Skylightwänden und oberen Dachflächen als Stahlkonstruktion.[7]

This was a deliberate and necessary part of the creative process. In this way it became clear how far we could go in each case in the realization of the sculptural ideal. Every clash between two elements shown by the computer made a new decision necessary, which was reached in close consultation with our American colleagues. In the course of this process, the building emerged, as it were, in a new form.

The roof construction was developed from the 3D model in a similar way to the walls of the lowest level: a reinforced concrete structure for the lower roofs and a steel structure for the skylight walls and the upper roof surfaces.[7]

Im Verlauf dieses Prozesses entstand das Gebäude gewissermaßen noch einmal neu.

In the course of this process, the building emerged, as it were, in a new form.

Eine solche Arbeitsweise verlangt nicht nur von den ausführenden Architekten und Ingenieuren, sondern auch von den beteiligten Baufirmen die Bereitschaft, sich immer wieder abzustimmen, ihre Kenntnisse und Ideen einzubringen, das Mögliche vor Ort zu erkennen und zu realisieren. Als ausführende Architekten sind wir sehr froh, dass wir in Herford Unternehmen gefunden haben, die dazu in bemerkenswerter Weise bereit und in der Lage sind.

Auch die Wahl der Materialität ist Teil des Entwurfsprozesses. Eines Tages kam Gehry auf die Idee, das Mauerwerk zu verklinkern, nachdem ihm bei einem Besuch in Herford aufgefallen war, dass viele repräsentative Gebäude der Stadt in diesem traditionellen westfälischen Baustil ausgeführt sind, eine in der Region gebräuchliche Form der Gestaltung. Unsere Aufgabe war es, ein Material und ein Verfahren für die Realisierung zu finden.

Es gab zuvor im Büro Gehry keine Erfahrungen mit dem konventionellen Verklinkern gekrümmter und geneigter Wandflächen von solcher Komplexität, wie sie das MARTa-Gebäude erfordert. So waren aufwändige Testreihen notwendig, die wir zum Teil auf der Baustelle an Hand von 1:1-Modellen vorgenommen haben.

Such a method of working requires a preparedness on the part of the executive architects and engineers as well as the participating building firms constantly to discuss and apply their knowledge and ideas to the task of seeing and realizing what is in fact possible on site. As executive architects we are very pleased to have found in Herford firms with a remarkable capacity to meet this challenge

The choice of materials is also a part of the design process. One day Gehry hit upon the idea of cladding the walls in clinker brick after he had noticed during a visit to Herford that many representative buildings in the town were built in this traditional Westphalian style. It was our task to find a material and a process for putting this idea into practice.

No one in the Gehry office had any previous experience with conventional brick cladding for the kind of curved and sloping walls designed for the MARTa building. A series of detailed tests were required, which we in part conducted on the building site using a 1:1 model.

[7] Bild 7: Baustellenfoto; Juli 2004

[7] Ill. 7: Photo of construction site; July 2004

Schwieriger als die herkömmliche Verklinkerung der unteren Wände gestaltete sich die Klinker-Lösung für die Skylights. Hier stießen wir mit der Verklinkerung an statische und bauphysikalische Grenzen. In monatelanger Entwicklung mit den ausführenden Firmen und Fachingenieuren wurde schließlich eine spezifische Systemlösung entwickelt. Sie basiert auf einem herkömmlichen Fassadenvorhangsystem. Die Klinker werden mit einer Stärke von ca. 13 mm auf einer hinterlüfteten Putzträgerplatte aufgebracht. Dieses herkömmliche Verfahren bedurfte aufgrund der Einzigartigkeit der Anwendung einer technischen Zulassung im Einzelfall. Entscheidend für das Design war dabei, dass die gleiche Textur, Farbe und Relief wie bei den Vollklinkern der unteren Wände erzielt wurden.

Jetzt wissen wir, dass das herkömmliche Baumaterial Klinker auch in skulpturalen Formen realisiert werden kann und dass es in bemerkenswerter Weise mit dem technischen Material Edelstahl der Dachflächen harmoniert.

Eine wirtschaftliche Lösung für die Dachflächen konnte nur über den Grad der Vorfertigung realisiert werden. Zugleich galt es, eine bauphysikalische Lösung zu finden, die auch eine hohe Toleranz-Genauigkeit der Flächen garantiert. Als formgebendes Element entstanden so die Stahlgrid-Elemente, die sich an die Spantenkonstruktionen beim Schiffsbau anlehnen. Sie bilden die Flächenstruktur für die dämmende und abdichtende Ebene. Die Abdichtung der Warmdachkonstruktion wird durch die Befestigungspunkte der Edelstahleindeckung im Los-Festflansch-Verfahren durchdrungen.

Anhand dieses Gebäudes und der exemplarisch aufgeführten Konstruktionen zeigt sich, dass sich kein Punkt innerhalb dieses Gebäudes wiederholt, und mehr noch, dass kein Objekt von Gehry dem anderen ähnelt. Vielmehr müssen für jeden Entwurf einzelspezifische Lösungen entwickelt werden. Und eben dies macht die Zusammenarbeit mit Frank Gehry zu einer Herausforderung der besonderen Art.

While the lower walls lent themselves to conventional brick cladding, finding a solution for the skylights proved more difficult. Here we found ourselves limited in structural and physical terms. Over a period of several months of working with the building firms and engineers we finally developed a systemic solution based on a conventional curtain façade system. Bricks with a thickness of 13 mm are fixed on a back-ventilated plaster bearing plate. This unique application of a conventional method required a specific technical permit. It was decisive for the design that the texture, color and relief should match that of the full bricks on the lower walls.

We now know that the conventional building material clinker brick can also be used in sculptural forms and that it harmonizes in a remarkable way with the technical material stainless steel making up the roof surfaces.

An economical solution for the roof surfaces necessarily required prefabrication. At the same time it was important to find a physical solution that guaranteed a high tolerance-precision of the surfaces. The result was the steel-grid elements that resemble the rib constructions used in boat building. They form the surface structure for the insulating and soundproofing levels. The thermal insulation of the warm-roof construction is penetrated by the loose-fixed flange attachments securing the stainless-steel covering.

One can see from this building and the structures making it up that no point is repeated. Indeed no two of Gehry's buildings resemble one another. This means that for each design specific solutions have to be developed. And it is this that makes working with Frank Gehry a very particular kind of challenge.

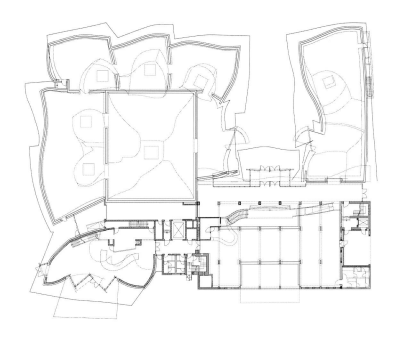

Gundriß/Ground plan

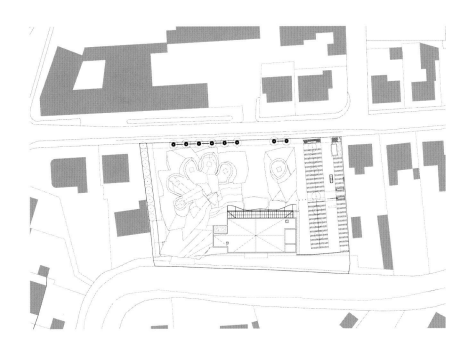

Lageplan mit Dachaufsicht/Site plan with view of the roof

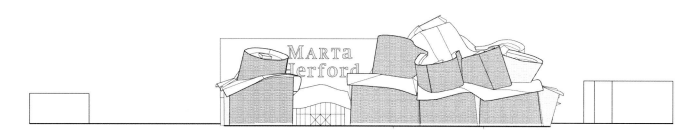

Westansicht/View from the West

Ostansicht/View from the East

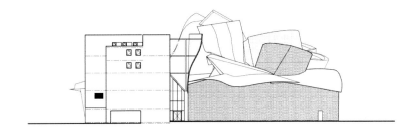

Nordansicht/View from the North

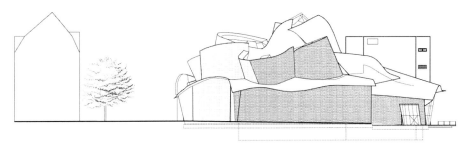

Südansicht/View from the South

ULRICH BRINKMANN Weltniveau in Ostwestfalen
Zum kulturgeschichtlichen Kontext von Frank Gehrys Herforder Projekt

ULRICH BRINKMANN World-class Architecture in Eastern Westphalia
Frank Gehry's Herford project in relation to the cultural history

Drei Besuche bei MARTa in drei Jahren haben drei jeweils ganz unterschiedliche Eindrücke mit sich gebracht. Das ist der Erwähnung insofern wert, als sich diese nur auf den ersten Blick den unterschiedlichen Stadien des Bauprozesses verdanken, vielmehr aber den räumlichen und konstruktiven Eigenheiten des Design-, Kunst- und Architekturzentrums im ostwestfälischen Herford. »Wir wollten eine moderne Kathedrale bauen«, liefert der Architekt Hartwig Rullkötter, der mit dem ortsansässigen Büro Archimedes den Entwurf von Frank Gehry gemäß deutschen Standards ins Werk setzt, das Stichwort. Es gibt wohl kaum eine Bauform, bei der sich Raum und Konstruktion in ähnlichem Maße gegenseitig bedingen.

Juli 2003: Die aufgehenden Wände der Ausstellungs- und Veranstaltungsräume, die sich entlang der Herforder Goebenstraße reihen, sind betoniert. Für die Schalung der gekrümmten und geneigten Wände genügte eine gewöhnliche Spantenkonstruktion, als Material ein Beton der Güteklasse 35; lediglich für die weit auskragende Galerie der Cafeteria, die sich zum Flüsschen Aa hin öffnet, kam ein B55 zum Einsatz. Irritierend wirkt zu diesem Zeitpunkt der Wechsel von Ortbeton zu Fertigteilen im Deckenbereich. Und auch die Aufgabe der einzelnen, mächtig dimensionierten Betonbalken, die die Räume hie und da überspannen, bleibt zunächst rätselhaft, bis der Besucher über die Dimension des stählernen, nach Gehry'scher Manier frei modellierten Dachtragwerks aufgeklärt wird.

Juni 2004: Die stählerne Dachkonstruktion ist montiert, die aus der Senkrechten gekippten Hauben, die den Innenräumen ihren quasibasilikalen Querschnitt geben, sind aufgesetzt. Das Neben- bzw. Übereinander von Beton- und Stahlkonstruktion ist jetzt deutlich sichtbar; eindrücklich gibt die aus 374 gitterartigen Stahlelementen zusammengesetzte Dachuntersicht Zeugnis von dem Schwierigkeitsgrad, dem sich die Konstrukteure gegenübersahen, als es darum ging, die von Frank Gehry malerisch entwickelte Silhouette in ein festes Material zu übersetzen. Die ruhigen Flächen der Betonwände wirken als gleichberechtigte Mit- und Gegenspieler dieser grafisch dichten Konstruktion.

Three visits to MARTa in three years have created three quite different impressions. This difference has much more to do with the spatial and constructional characteristics of this center for design, art and architecture in the eastern Westphalian town of Herford than with the different stages of the construction process. "We wanted to build a modern cathedral," says Hartwig Rullkötter, who together with the local firm Archimedes was responsible for constructing the design by Frank Gehry according to German standards. It is hard to imagine another form of building in which space and construction mutually determine one another to the same degree.

July 2003: The rising walls of the exhibition and event spaces arranged along Goebenstrasse in Herford have been concreted. A conventional rib construction sufficed for the shuttering of the curved and sloping walls; the material used was a 35 grade concrete. It was only in the case of the overhanging gallery of the cafeteria, which opens on to the River Aa, that a B55 was used. At this time the change from site-mixed concrete to pre-cast sections in the ceiling area has an irritating effect. And the role of the individual, massive concrete beams is initially puzzling until visitors are told about the dimensions of Gehry's typically free-form steel roof bearing structure.

June 2004: The steel roof structure has been erected and the domes, which are set off the vertical and which give the interior spaces their basilica-like cross-section, have been put in position. The juxtaposition of concrete and steel construction is now clearly visible. The view of the roof from underneath reveals a grid of 347 steel elements and is indicative of the difficulties faced by the engineers in translating Frank Gehry's pictorially developed silhouette into solid material. The calm concrete surfaces have both a collaborative and antagonistic relationship to this graphically dense construction.

Januar 2005: Der Innenausbau ist weit gediehen. Die Ausstellungsbereiche wirken kleiner, als das Äußere (und die Erinnerung an die Dimensionen des Rohbaus) erwarten lässt. Die Erklärung liefert der raumgreifende Innenwandaufbau. Die Betonwände wurden mit einem Stahlgerüst überzogen, das den haustechnischen Installationen Platz bietet und das kräftig genug dimensioniert wurde, um auch gewichtige Skulpturen und Installationen daran zu befestigen. Mitunter löst sich das Stahlgerüst von der Geometrie der Betonwände, um eine eigene Plastizität zu entwickeln. Der höhlenartige Raumeindruck hat aber noch eine andere Ursache. Im Herbst 2004 fiel auf Drängen von MARTa-Direktor Jan Hoet die Entscheidung, die Dachuntersicht zu verkleiden, um der Kunst einen neutralen Hintergrund zu geben. Das Ergebnis ist ein mit der Primärkonstruktion nicht mehr in Deckung zu bringendes Inneres, dessen Gipskartonoberflächen zwar mit Meisterschaft modelliert sind, dessen Raumfolgen sich aber auch in einer anderen Hülle hätten inszenieren lassen — der Raum ist bereits Teil der Ausstellungsarchitektur, künftige Wechselausstellungen wirken als die Inszenierungen in einer Inszenierung. Lediglich in der Cafeteria ist noch ein Eindruck zu gewinnen vom konstruktiven Aufbau des Gebäudes, da hier das Dachtragwerk sichtbar blieb, und so ist die Cafeteria auch der am ehesten architektonisch zu nennende Raum im Gehry-Bau — und darüber hinaus ein großzügiger, lichter Ort, der jene Weltläufigkeit verströmt, die sich die Initiatoren von MARTa mit der Beauftragung des Kaliforniers möglicherweise erhofft haben, um ihrem Projekt überregionale Aufmerksamkeit zu sichern.

January 2005: The interior construction has progressed considerably. The exhibition areas seem smaller than the exterior (and the size of the building shell) suggests. This is due to the spatial requirements of the interior wall structure. The concrete walls have been covered with a girder frame. This not only offers space for the building's technical installations but is of a scale that allows heavy sculptures and installations to be attached to it. In some places the steel frame departs from the geometry of the concrete walls and develops its own plasticity. However, this is not the only cause of the cave-like spatial impression that is created. In autumn 2004, as a result of an initiative by MARTa director Jan Hoet, the decision was made to clad the lower surface of the roof in order to provide a neutral background for the art. The result is an interior that no longer corresponds with the primary construction. Although the interior plasterboard surfaces have been masterfully modeled, the spatial sequence could also have been created using another type of covering — the space is already part of the exhibition architecture, and future exhibitions will have the effect of orchestrated events within an orchestration. Only in the cafeteria does one still gain an impression of the structural assemblage of the building, since it is here that the roof bearing structure remains visible. The cafeteria is thus the space within the Gehry building that can most readily be referred to as exhibiting an architectural character. It is also a generous, well lit place that radiates the kind of cosmopolitanism that the initiators of MARTa were hoping to achieve when they commissioned the Californian architect in order to ensure a level attention for the project outside the immediate region.

Vor welch allgemeinerem gesellschaftlichen Hintergrund aber ist das Gastspiel des »Stararchitekten« in der vermeintlichen »Provinz« zu verstehen?

But against what kind of general societal background are we to understand the guest performance by the "star architect" in this supposedly "provincial" context?

Mitunter löst sich das Stahlgerüst von der Geometrie der Betonwände, um eine eigene Plastizität zu entwickeln.
In some places the steel frame departs from the geometry of the concrete walls and develops its own plasticity.

Um diese Frage zu beantworten, lohnt ein Blick zurück bis in die siebziger Jahre, als die Nachkriegszeit ihr kulturelles Ende fand. Damals war das Schaudern ob der »Unwirtlichkeit der Städte« mehrheitsfähig geworden, und das Unbehagen an den immer undurchschaubarer agierenden Wohnungsbaugesellschaften wuchs zunehmend. Das hatte zweierlei Auswirkungen. Erstens erfuhr historische (und selbst historistische) Architektur neue Wertschätzung, was sich in offiziellen Bekenntnissen zum Denkmalschutz ebenso niederschlug wie in dem Begehren, im Krieg oder hernach zerstörte Wahrzeichen der Städte aus dem Nichts zu rekonstruieren. Zweitens änderten sich die Ansprüche an neue Gebäude: Die Architektur (und mit ihr der Architekt) trat aus dem Hintergrund des Dienens und Raumbildens auf die Bühne des Feuilletons. Die Theorien und Zeichnungen der Postmoderne konnten nun auch in Deutschland zu gebauten Projekten reifen: in Berlin-West anlässlich der Internationalen Bauausstellung 1984, in Frankfurt am Main mit den Bauten am Museumsufer, in Stuttgart mit der Staatsgalerie, in Mönchengladbach auf dem Abteiberg. Mit Ausnahme von Berlin, wo es mit der Neuentdeckung der Stadt als Wohnort um nicht weniger als um eine Kehrtwende in der Stadtentwicklung ging, standen vornehmlich öffentliche Bauten im Zentrum des Interesses, und dies waren vor allem Museumsprojekte. Ähnlich wie beim Sakralbau in den 1950-er Jahren ließ sich hier unbeschwert mit Raum, Licht und Material experimentieren, ein »Architekturerlebnis« inszenieren.

To answer this question it is worth casting a glance back to the 1970s, when the post-war period as a cultural phase came to an end. At that time there was a widely held distaste for the inhospitable character of the cities and an increasing unease concerning the lack of transparency of the activities of housing associations. This produced two effects. On the one hand, historical (and even historicist) architecture won a new regard, which was expressed in the official readiness to list historical buildings and in the desire to reconstruct urban landmarks that had been destroyed during the war or its aftermath. On the other hand, the expectations placed on new buildings changed. Architecture (and with it the architect) emerged from the background of service and spatial arrangement onto the stage of newspaper arts pages. The way was now open in Germany, too, for postmodern theory and design to begin to inform built projects — as exemplified by the International Building Exhibition in West Berlin in 1984, the Museumsufer buildings in Frankfurt am Main, the State Gallery in Stuttgart, and the Abteiberg in Mönchengladbach. With the exception of Berlin, where the rediscovery of the city as a place of residence represented a complete about-face in urban development, it was above all public buildings that were the focus of interest. An approach similar to that characterizing the design of sacred building in the 1950s saw unencumbered experimentation with space, light and material — the staging of an "architectural experience."

Kaum verwunderlich, dass der Museumsbau noch heute, in einer Zeit, in der selbst Shopping Centers und Restaurantketten mit dem Attribut »Erlebnis-« um Kundschaft buhlen, ein letztes unangefochtenes Reservat für die Baukunst darstellt. Während die Stadtränder und »Zwischenstädte«, an bzw. in denen sich das Leben der Mehrheit in Deutschland heute abspielt, der anonymen Ungestalt der Fertighäuser, Tankstellen und Baumärkte überlassen bleiben, rufen Stadtväter und Sponsoren Baumeister von Rang und aus der ganzen Welt, um wenigstens an den Sonntagsnachmittagsorten einen identitätsstiftenden Mehrwert zu gewinnen. Architektur – und manchmal auch allein schon der Name ihres Schöpfers – ist ein Werbeträger in der Konkurrenz der Städte um steuerzahlende Einwohner, Investoren und Touristen geworden und zum Markenzeichen mutiert. Dies ist umso bemerkenswerter, als es immer schwieriger wird zu entschlüsseln, was die jeweilige Architektursprache denn überhaupt signalisieren soll. »Markenarchitektur« als Identitätsstifter einzusetzen, ist aber noch aus einem anderen Grund ein gewagtes Unternehmen: Denn Markenware kann man kaufen, mit dem entsprechenden Budget überall auf der Welt. Interessant ist die Frage, ob und wie es unter diesen Bedingungen Architekten und ihren Bauherren im jeweiligen Einzelfall gelungen ist, die stehende Marke weiter zu entwickeln, so dass sich der erhoffte Besucherstrom auch einstellt – vor allem, wenn sich die Marke, wie im Fall von Frank Gehry, in erster Linie auf formale Beständigkeit gründet.

Im Reigen der global tätigen und in Feuilletons und Fachpublikationen präsenten Architekten erscheint Frank Gehry mit seinen Gebäuden als ein fester Begriff – vielleicht bereits, seitdem sich die immer ähnlicheren freien Formen seiner Projekte mittels CAD und CAM mühelos in Baupläne umrechnen lassen, spätestens aber seit 1997, als im spanischen Bilbao die Dependance des New Yorker Guggenheim-Museums eröffnet wurde. Das Gebäude avancierte auf der Stelle zu einem ebenso sensationellen Publikumserfolg wie zuverlässigen Schlagzeilenlieferanten und gilt völlig zu Recht als ein, wenn nicht als das Hauptwerk des kalifornischen Architekten. Ob Frank Gehry sich damit auch in Hinblick auf seine künstlerische Freiheit einen Gefallen getan hat, ist eine andere Frage: Zu stark ist dieser Erfolg an die überwältigende Wirkung des formalen Zusammenklangs von Raum, Fläche und Material gebunden, als dass ein potenzieller Bauherr nicht auf Nummer sicher gehen wollte und einen ähnlichen Effekt wünschte. Dieser stellt sich am ehesten ein, wenn sich die barocken Schwünge und Materialwechsel der Architektur an einem Solitärbau vor ruhigem Hintergrund entfalten können, wie dies geradezu exemplarisch der (bislang und wohl leider auch auf Dauer unrealisierte) Entwurf für das neue New Yorker Guggenheim-Museum am East River zeigt (1998). Doch auch unter den starren Vorgaben einer reinen »Mitspielerrolle« weiß Frank Gehry Erstaunliches zu entwickeln. Am Pariser Platz in Berlin, schräg gegenüber dem Brandenburger Tor und gezügelt von einer strengen Gestaltungssatzung, welche sogar Material und Fensterflächenanteil der Fassaden festlegte, gelang ihm, von dem man es vielleicht am allerwenigsten erwartet hätte, mit dem Neubau der DG Bank (1995–2001) eine der überzeugendsten Platzfassaden des Nach-Wende-Berlin. Den ruhigen Hintergrund für seine skulpturalen Ambitionen schuf sich Gehry mit dem Innenhof des Bankgebäudes quasi selbst.

It is hardly surprising that today the museum building, in a time when even shopping centers and restaurant chains use the attribute of "experience" to woo customers, remains a last unchallenged preserve for architecture. While suburban areas and "intermediate cities" remain abandoned to the formlessness of prefabricated houses, service stations and building supplies superstores, city fathers and sponsors now strive to win the services of master builders from all over the world to increase the identity value of at least those areas frequented on Sunday afternoons. Architecture – and sometimes even the name of its creator – has become a form of advertising in the competition between cities for tax-paying residents, investors and tourists and has mutated into a trademark. This is all the more remarkable given that it is increasingly difficult to work out what the respective architectural idiom is actually supposed to signal. However, deploying "brand architecture" as a means of promoting identity is a risky undertaking for yet another reason. Provided there is an adequate budget, branded articles can be sold all over the world. Given this framework, an interesting question is whether and how architects and their clients have been successful in individual cases in further developing the existing brand such that the envisaged stream of visitors actually materializes – above all when the brand, as in the case of Frank Gehry, is based predominantly on formal resistance.

Frank Gehry and his buildings have become a familiar fixture within the ranks of those architects who are globally active and referred to in both arts pages and specialist publications – perhaps ever since it has been possible to translate the ever more similar free forms of his projects into blueprints by means of CAD and CAM, and certainly since 1997, when the Spanish branch of the New York Guggenheim Museum was opened in Bilbao. The building immediately became both a massive success with the public and reliable headline material, and is rightly regarded as a – if not the – major work by the Californian architect. However, its effect on Frank Gehry's work in terms of artistic freedom is another question. The success of this project is too strongly bound to its breathtaking formal harmony of space, surface and material for a potential client not to want to play it safe and opt for a similar effect. This can be realized most readily in cases where the baroque curves and changing materials can unfold in a solitary structure set against a calm background as exemplified in the (as yet and unfortunately probably destined to remain) unrealized 1998 design for the New York Guggenheim Museum on the East River. Yet Frank Gehry is also capable of developing astounding designs in a more rigid "ensemble" context. On Pariser Platz in Berlin, diagonally opposite the Brandenburg Gate and restrained by a strict design format that even prescribes the material and window area proportion of the façade, Gehry's DG Bank building (1995–2001) represents perhaps one of his least characteristic designs and at the same time one of the most convincing urban square façades created in Berlin following the fall of the Wall. In this case Gehry as it were created his own calm background for his sculptural ambitions with his design of the building's inner courtyard.

Flankiert von unspektakulären Wohn- und Geschäftshäusern, war das Grundstück für den Neubau von MARTa in Herford ursprünglich nicht mit einer ähnlich glamourösen Lage gesegnet, obwohl zentral in unmittelbarer Nähe zu Stadtzentrum und Bahnhof gelegen. Die Goebenstraße verläuft parallel zu den Gleisen der Köln-Mindener Bahnstrecke; die interessantesten Nachbarn sind die vereinzelten baulichen Hinterlassenschaften des Industriezeitalters auf der bahnseitigen Straßenseite: wuchtige Geschossfabriken, die geradezu einladen, den Blick auf die kleine Stadt im nordöstlichen Westfalen neu zu justieren. Nach und nach umgenutzt, werden sie gewiss dazu beitragen, dass sich die bislang eher unattraktive Adresse zu einer neuen Kulturmeile der Stadt mausert. Neue Aufenthaltsqualität hat die Straße auch durch neue Oberflächen und eine Art literarischen »Mittelstreifen« gewonnen. Die vormalige Geschwindigkeit wirkt gedrosselt, die Aufmerksamkeit der Passanten erhöht; selbst die Autos scheinen inzwischen zu »flanieren«.

Ganz ähnlich wie bei zwei früheren Projekten von Frank Gehry in Kalifornien, das Edgemar Development in Santa Monica (1984-1988) und das Chiat Day Building in Venice (1985-1991), wird man des MARTa-Areals aus der seitlichen Annäherung gewahr. Mit dem wellenförmigen Auf und Ab ihrer Trauflinie und den weit überhängenden Metalldächern scheinen die Pavillons den Verkehr vorüberzuwinken. Dann aber öffnet sich zwischen ihnen die »MARTa-Plaza«, der Eingangshof, der den Blick in die Tiefe des Grundstücks zieht; auf die gläserne Eingangshalle hinter dem großmaßstäblichen Namensschriftzug und auf den erhalten gebliebenen, mit Mitteln des Bundeslandes Nordrhein-Westfalen umgebauten und nach seinem Architekten benannten »Lippolt-Bau« aus den 1930-er Jahren. Es ist dies das einzige Überbleibsel der zuvor hier ansässigen Näherei Ahlers. Heute befinden sich hier die Büros von MARTa und den Verbänden der heimischen Holzindustrie, denen das Zentrum eine neue Plattform bietet.

Flanked by unspectacular residential and business buildings, the site for the construction of MARTa in Herford was not initially blessed with such a glamorous location, although it had the advantage of being located close to the city center and main railway station. Goebenstrasse runs parallel to the tracks of the Cologne-Minden rail connection. Of the neighboring buildings the most interesting are the scattered structural legacies of the industrial age on the railway side of the street: bulky multistory factories which almost invite you to adjust your view over this small city in northeast Westphalia. Gradually falling into disuse, they will surely contribute to the transformation of what has been until now a fairly unattractive address into a new cultural landmark. New surfaces and a kind of literary "median strip" have given the street a more inviting quality. There is a sense of movement having been slowed down; the attentiveness of passers-by has been increased and even the cars now seem to be strolling rather than rushing by.

As in the case of two earlier projects by Frank Gehry in California, the Edgemar Development in Santa Monica (1984-1988) and the Chiat Day Building in Venice (1985-1991), one first sees the MARTa area from the lateral approach. With the wavelike form of their eave line and their projecting metal roofs, the pavilions seem to gesture to the traffic. But then the MARTa Plaza, as the entrance courtyard is called, opens between them and draws the gaze into the lower part of the site: to the glazed entrance hall behind the large letters spelling out the name and to the Lippold Building, built in the 1930s by the architect of the same name and remodeled using funding from the government of North Rhine-Westphalia. It is the only remnant of the Ahlers sewing works once located here. Today it houses the administrative offices of MARTa and the local wood industry associations, for which the center has offered a new platform.

Frank Gehry hat dafür eher ein Ensemble geschaffen als ein Gebäude, so wie zuvor schon bei anderen Engagements. Insbesondere an die Vitra-Zentrale im schweizerischen Birsfelden (1988-1994) wird sich der mit dem Werk des Architekten Vertraute erinnern. Auch dort bildet ein rechtwinkliger Bürotrakt den Plafond für freier geformte Baukörper, in denen sich die öffentlicheren Räume des Geschäftssitzes befinden. Das bei Gehry so oft anzutreffende Kontrastieren von frei modellierten Volumen unterschiedlicher Materialität ist in Herford einer auf den ersten Blick überraschenden Homogenität gewichen. Es dominiert das helle Braun-Rot des Klinkermauerwerks, das für die Verblendung sowohl der Betonwände als auch der stählernen »Laternen« der Dächer gewählt wurde, und der gleiche Farbton wurde für die Pflastersteine verwendet. Frank Gehry habe eine »Eruption« vorgeschwebt, erklärt Hartwig Rullkötter die Beschränkung auf ein dominierendes Material.

Here Frank Genry has created more of an ensemble than a building, as he has done in other previous projects. Those familiar with the architect's work will recall in particular the Vitra head offices in Birsfelden in Switzerland (1988-1994), where a right-angled office section forms the fulcrum for freely formed structural elements, in which the more public spaces of the company headquarters are located. At first glance the contrast between freely modeled spatial volumes using different materials so often seen in Gehry's work gives way in Herford to a surprising homogeneity. The dominant color is that of the light brownish red brickwork which has been used for the facing, the concrete walls and the steel "lanterns" of the roofs. The same coloring was chosen for the paving stones. This restriction to a dominant material, explains Hartwig Rullkötter, was envisaged by Frank Gehry in terms of an "eruption."

Frank Gehry hat eher ein Ensemble geschaffen als ein Gebäude, so wie zuvor schon bei anderen Engagements.
Here Frank Genry has created more of an ensemble than a building, as he has done in other previous projects.

Bereits beim »Neuen Zollhof« in Düsseldorf (1994-1999) – drei unterschiedlich hohe, formal aber ähnliche Bürotürme, abwechselnd mit Putz-, Stahl- und Ziegelfassade – hat sich Frank Gehry darüber hinweg gesetzt, dass Gestalt und Material im Bereich der Architektur üblicher- und sinnvollerweise in einer Beziehung stehen – mit dem Resultat, dass schon nach kurzer Zeit eine Sanierung der Klinkerfassaden notwendig wurde. In Herford haben die Architekten (auch dank des Eifers der heimischen Bauunternehmer) die Schwierigkeiten, die sich unweigerlich einstellen, wenn geneigte und gekrümmte Flächen in ein serielles und rechtwinkliges Material gehüllt werden sollen, optisch befriedigend gelöst. Selbst die »offenen«, mit besandetem Silikon verfugten Schnittlinien der gemauerten Flächen, die sich eigentlich mit den Regeln eines Ziegelverbands nicht vereinbaren lassen und die Integrität der Volumen auflösen, fallen hier nicht störend ins Auge. Sie korrespondieren sogar mit dem Inneren, wo die Wandflächen mittels Schattenfugen voneinander getrennt sind. Städtebaulich ist gegen den Backstein sowieso nichts einzuwenden, erinnert das Material doch an die industrielle Prägung des Grundstücks, zumal der gewählte Stein eher schlicht wirkt.

With the Neuer Zollhof in Düsseldorf (1994-1999) – three formally similar office towers of different heights with alternating plaster, steel and brick cladding – Frank Gehry already flouted the architectural conventions governing the relationship between form and material – with the result that after a short time the brick façade required renovation. In Herford the architects (aided by the diligence of the local building contactor) found an optically satisfactory solution to the difficulties that inevitably arise when tilted and curved surfaces are clad in a serial, right-angled material. Even the "open" sanded silicone intersecting lines of the bricked surfaces, which do not actually conform to the rules of a brick assemblage and dissolve the integrity of the volumes, do not prove visually disturbing. They even correspond with the interior, where the wall areas are separated by means of shadow gaps. In any case, the clinker bricks are a good choice in terms of urban design since they recall the industrial character of the site, all the more so because a plain type of brick has been used.

Damit aber schlägt das Gebäude einen überraschenden Bogen zur Umwelterfahrung wohl der meisten Besucher: Materialisierung und Ausführung ähneln durchaus den Standards des Bauens an den Stadträndern und mithin jener Lebenswirklichkeit, die viel zu selten als Entscheidung einer Mehrheit gewürdigt wird, mag diese mit Subventionen wie Eigenheimzulage und Kilometerpauschale auch politisch gefördert sein. So betrachtet, schließt MARTa an einen Meilenstein im Schaffen von Frank Gehry an: sein eigenes Haus in Santa Monica. Der Bau, für manche ein Gründungswerk des Dekonstruktivismus, transzendierte 1978 die Realität der gewöhnlichen kalifornischen »self made domes« und bewies vor allem eines: dass es manchmal nur eines kleinen Schrittes der Imagination bedarf, um uns aus dem grauen Alltag in die Welt der Kunst zu katapultieren.

In this sense the building also connects with the environmental experience of most visitors. The materials and execution resemble the standards of building in suburban areas and thus the lived reality which is too infrequently recognized as a decision of the majority, whether or not this is politically promoted by housing and transport subsidies. Seen from this perspective, MARTa also connects with a milestone in the creative career of Frank Gehry: the architect's own house in Santa Monica. Constructed in 1978, the building, which is for many a founding work of deconstructivism, transcended the reality of the conventional Californian "self-made domes" and proved above all that sometimes only a small step of imagination is required to catapult us out of gray everyday existence into the world of art.

KLEMENS ORTMEYER Morphologien
MARTa erkundet an sieben Tagen zwischen Sommer 2003 und Frühling 2005

KLEMENS ORTMEYER Morphologies
An exploration of MARTa on seven days from summer 2003 to spring 2005

15. JULI 2003 JULY 15, 2003

31. MÄRZ 2004 MARCH 31, 2004

MARTa CLASSICS – 16. August 2003 August 16, 2003

16. & 17. APRIL 2005 **APRIL 16 & 17, 2005**

15. NOVEMBER 2004, 16. & 17. APRIL 2005 NOVEMBER 13, 2004, APRIL 16 & 17, 2005

Bauherr/Client	MKK gGmbH
Lage/Location	Herford, Goebenstrasse 4-6
Architekten/Architects	**GEHRY Partners, LLP**
	Frank Gehry – Partner In Charge
	Edwin Chan – Design Partner
	Terry Bell – Project Partner
	Kamran Ardalan – Project Architect
Projekt-Team/Project team	Michelle Kaufmann, Hiroshi Tokumaru, Andrew Liu, Catriel Tulian, Rick Smith, Cara Cragan, Frank Weeks, Kurt Komraus, Ali Jevanjee, Beat Schenk
	in Kooperation mit/in cooperation with
	Archimedes GmbH
	Birgit Bastiaan, Jürgen Beinke, Ulrich Euscher, Stefan Hoffmann, Dieter Mählmann, Hartwig Rullkötter, Jürgen Sudek, Thomas Vollbracht

Planung/Planning	seit/since 1998
Ausführung/Realization	2001-2005
Grundstücksfläche/Area	ca. 7.993 qm
Bebaute Fläche/Built-up area	ca. 3.444 qm
Geschossfläche/Story area	ca. 7.200 qm
Rauminhalt/Volume	ca. 41.550 qm
Nutzfläche/Utilizable area	ca. 6.180 qm
Verkehrsfläche/Public traffic area	ca. 370 qm

MARTa Herford

Museum Zentrum Forum
Künstlerischer Direktor/Artistic Director Jan Hoet

Goebenstraße 4-10
D-32052 Herford
Fon +49 (0)5221 994430-0
Fax +49 (0)5221 994430-18
Mail info@marta-herford.de
www.marta-herford.de

Öffnungszeiten/Opening Hours
Montag bis Sonntag 11–18 Uhr/Monday to Sunday 11 a.m.–6 p.m.

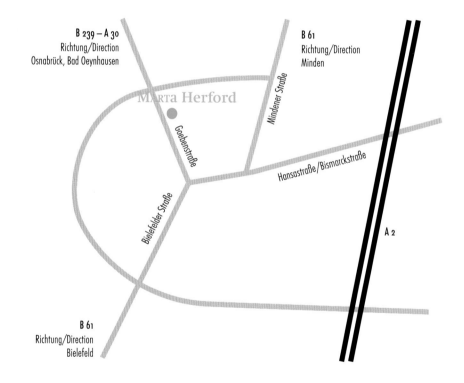

MARTa – Freunde und Förderer e.V. (Society of Friends and Sponsors)

c/o Uta Kreikenbohm
Kurfürstenstraße 9a
D-32052 Herford
Mail info@marta-freunde.de
www.marta-freunde.de

BIRGIT BASTIAAN Dipl.-Ing. Architektin, seit 2001 mit Archimedes ausführende Architektin von MARTa, seit 2005 Bürogemeinschaft rbb (Rullkötter, Barthelmes, Bastiaan).

ULRICH BRINKMANN Dipl.-Ing. Architektur, Redakteur der *Bauwelt*, lebt in Berlin.

FRANK GEHRY Architekt, lebt und arbeitet seit 1947 in Los Angeles, Erbauer u.a. des Vitra Museums in Weil am Rhein, des Guggenheim Museums in Bilbao, der Disney Concert Hall in Los Angeles; 1987 mit dem »Pritzker Architecture Prize« ausgezeichnet.

JAN HOET 1975-2003 Direktor des Stedelijk Museum voor Actuele Kunst, Gent, 1992 Leiter der Documenta IX, seit 2001 Direktor des Museums MARTa Herford.

CLAUDIA HERSTATT Freie Kunstjournalistin für *Die Zeit, Handelsblatt, art* Korrespondentin in Brüssel und Zürich (1984-1991), Pressesprecherin der Documenta IX, Pressesprecherin MARTa Herford.

KLEMENS ORTMEYER Dipl.-Ing., Architekturfotograf, Lehrbeauftragter für Architekturfotografie an der Hochschule für angewandte Wissenschaften Hildesheim.

MANFRED RAGATI Dr. iur., Rechtsanwalt, Oberkreisdirektor des Kreises Herford a.D., EMR-Geschäftsführer i.R., Ehrenvorsitzender des Fördervereins MARTa, Mitglied des ZDF-Fernsehrats.

HARTWIG RULLKÖTTER Dipl.-Ing. Architekt, seit 2001 mit Archimedes assoziierter Partner von Frank Gehry LLP bei mehreren Projekten, seit 2005 Bürogemeinschaft rbb (Rullkötter, Barthelmes, Bastiaan), wohnt in Herford.

BIRGIT BASTIAAN architect; from 2001, as a member of Archimedes, executive architect for MARTa; since 2005 with rbb (Rullkötter, Barthelmes, Bastiaan).

ULRICH BRINKMANN Berlin-based architect and editor of the architectural journal *Bauwelt*.

FRANK GEHRY Architect who since 1947 has lived and worked in Los Angeles; his architectural works include the Vitra Museum in Weil am Rhein, the Guggenheim Museum in Bilbao and the Disney Concert Hall in Los Angeles; in 1987 he was awarded the Pritzker Architecture Prize.

JAN HOET 1975-2003 director of the Municipal Museum for Contemporary Art (S.M.A.K.) in Ghent; 1992 director of documenta IX; since 2001 director of the MARTa Herford museum.

CLAUDIA HERSTATT Freelance art journalist for the newspapers *Die Zeit* and *Handelsblatt, art* correspondent in Brussels and Zurich (1984-1991); press spokesperson for documenta IX; press spokesperson for MARTa Herford.

KLEMENS ORTMEYER architectural photographer, lecturer in architectural photography at the Hildesheim university of applied sciences.

MANFRED RAGATI Doctor of law, lawyer, head of the Herford district administration (retired), managing director of EMR (retired), honorary chairman of the MARTa support committee, member of the ZDF television council.

HARTWIG RULLKÖTTER architect; from 2001, as a member of Archimedes, associate partner of Frank Gehry LLP on several projects; since 2005 with rbb (Rullkötter, Barthelmes, Bastiaan), lives in Herford.